基金资助：中央高校基本科研业务费青年教师培育项目

2019年广东省高等教育教学改革项目

# 大学体育第二课堂构建研究

王守力　著

吉林出版集团股份有限公司

全国百佳图书出版单位

**图书在版编目（CIP）数据**

大学体育第二课堂的构建研究 / 王守力著. -- 长春:
吉林出版集团股份有限公司, 2021.11
ISBN 978-7-5731-0670-4

Ⅰ.①大… Ⅱ.①王… Ⅲ.①体育教学－教学研究－
高等学校 Ⅳ.①G807.4

中国版本图书馆CIP数据核字(2021)第236919号

DAXUE TIYU DIER KETANG DE GOUJIAN YANJIU
**大学体育第二课堂的构建研究**

| | | | |
|---|---|---|---|
| 著　　者 | 王守力 | 责任编辑 | 刘晓敏 |
| 出版策划 | 齐　郁 | 封面设计 | 雅硕图文 |

| | |
|---|---|
| 出　　版 | 吉林出版集团股份有限公司 |
| | （长春市福祉大路5788号，邮政编码：130118） |
| 发　　行 | 吉林出版集团译文图书经营有限公司 |
| | （http：//shop34896900.taobao.com） |
| 电　　话 | 总编办 0431-81629909　营销部 0431-81629880/81629881 |

| | | | | |
|---|---|---|---|---|
| 印　　刷 | 长春市华远印务有限公司 | 开　本 | 787mm×1092mm　1/16 |
| 印　　张 | 9 | 字　数 | 150千 |
| 版　　次 | 2022年6月第1版 | 印　次 | 2022年6月第1次印刷 |
| 书　　号 | ISBN 978-7-5731-0670-4 | 定　价 | 68.00元 |

印装错误请与承印厂联系

# 前　言

改革开放以来，中国学生因运动不足导致体质下降，从而引发不良健康状况。在这样的背景下，国家从战略高度提出："强化体育课和课外锻炼、促进青少年身心健康"，并颁布和实施相关政策。基于此，学校体育工作成为政府关注的重点，教育界研究的热点。大部分研究从学校宏观角度进行大学体育第二课堂的相关研究，缺乏系统构建大学体育第二课堂，未能发挥大学体育第二课堂的育人价值。

本研究通过对114所普通高校展开体育第二课堂的实地调查，阐释了大学体育、课外体育活动和大学第二课堂等重要名词，指出了大学体育第二课堂的特点：课堂教学普及程度高、课堂内容多样化、管理难度复杂化等，不论是理论层面还是实践层面，研究大学体育第二课堂构建具有重要意义。笔者从大学体育第二课堂的历史沿革入手，分析了大学体育第二课堂的相关文献，并设计调查问卷和采访提纲，深入掌握了大学体育第二课堂的现状，并结合国内外大学体育第二课堂的现状，进行了大学体育第二课堂的SWOT分析，提出大学体育第二课堂的构建路径及大学体育第二课堂的育人价值实施策略。

感谢清华大学、复旦大学、中南大学、湖南师范大学、海南大学、华南理工大学、广州医科大学、华南师范大学、南方医科大学大学、广州城市职业学院等专家给予著作的支持和指导，感谢研究生张瑶佳、余瑶珍同学整理资料和提供素材。该著作希望社会各界，尤其是大学体育行政主管能够意识到大学体育第二课堂的重要作用，加大大学体育第二课堂的建设力度，开发大学体育第二课堂的育人功能，树立大学体育的良好形象，构建大学体育的话语体系。研究不足之处，敬请各位同行提出意见和建议。

# 目　　录

# 第一章 导 论

　　2014年3月，教育部颁布了《教育部关于全面深化课程改革落实立德树人根本任务的意见》，其中提出要研究制定学生发展核心素养体系，以作为落实"立德树人"根本任务的基本措施。大学体育作为学校教育的独特科目之一，是实现教育目标的重要内容，是落实"立德树人"的重要途径。2017年8月28日，习近平在会见全国体育先进单位和先进个人代表等时强调，体育承载着国家强盛、民族振兴的梦想。体育强则中国强，国运兴则体育兴。发展体育事业，建设体育强国有助于中华民族的伟大复兴。2018年9月10日，习近平在全国教育大会提出"享受乐趣、增强体质、健全人格、锤炼意志"四位一体的学校体育的目标，为学校体育指明了发展方向，充分诠释了大学体育育人价值的基本内涵。学校体育不仅仅是身体健康，体育还承载着健全人格、锤炼意志品质这样的一个思想、意识形态，承载着思想道德修养和振奋民族精神这样一个基础性的工程，而且要能够让学生在健全人格、锤炼意志的过程中享受到体育锻炼的乐趣，学校体育的正处在历史发展新的高度。

　　多年来，大学体育课程（第一课堂）在学校体育"教育价值"中占据主导地位，对促进学生体质健康水平提升，培养学生坚忍的意志品质均起到了积极的作用，然而随着时代变革和社会进步，大学体育的内涵和外延不断延伸，大学体育第一课堂的历史局限性逐渐暴露出来。从"一刀切"的大班教学的组织形式到"重复练习式"的体育教学方法，这一教学组合模式已无法满足学生对掌握运动技术的不同需求，扼杀了学生参与运动的积极性，造成了学生虽然喜爱体育运动，但是抵触上体育课的窘境。其次，学校对体育场馆设施投入不足，大学体育课往往在烈日或冷风中进行，教师和学生的健康受到极大威胁，无法达到应有的锻炼效果。

由此可以清晰地看到，大学体育的第一课堂只能起到引导和督促作用，但在实施过程中大学体育的"教育价值"渐渐减弱。2018年7月，共青团中央和教育部联合颁布的《关于在高校实施共青团"第二课堂成绩单"制度的意见》，为了全面落实意见精神，实现大学体育的育人价值，则需要构建内容丰富的大学体育第二课堂，吸引大学生积极参加各种课外体育活动，使之在课外体育活动中享受乐趣、增强体质、健全人格和锤炼意志，进而达到大学体育的育人目的。

# 第一节　大学体育第二课堂的基本概念

## 一、学校体育

### （一）历史传承与发展

社会环境是学校体育发展的沃土。1840年鸦片战争后，中国进入半殖民地半封建社会，近代体育进入萌芽孕育时期。伴随着西式学堂的建立，西洋运动慢慢传播到中国。学界普遍认为我国学校体育的起源是1904年"癸卯学制"的颁布实施，其中确立的学校体育相关制度，保证学校体育得以开展。哲学家和教育家则是推动学校体育发展的重要力量。在近代中国诞生了张伯苓、蔡元培、马约翰等一批著名的教育家、体育家。时至今日，这些思想家关于学校体育的实践仍然具有时代意义。当今的学校体育既传承了前人优秀的哲学思想，又发扬了新时代学校体育新理念。

学校体育按照学生的成长阶段不同可分为：幼儿学校体育、中小学学校体育、大学体育（高等学校学校体育）。体育是教育的一部分，不论学生的成长处于何种阶段，都需要体育教育。然而，自改革开放以来，尤其是幼儿和中小学阶段忽略体育的"教育"，过度重视体育的"锻炼"。体育的功能被看作是唯一的，就是提高身体素质，甚至是获得体育考试成绩的工具。长此以往，当学生的需求被满足后，对体育的兴趣会骤然失去。受到"重文轻武"传统思想的影响，国人也认为体育是"头脑简单，四肢发达"而已，其后果是近三十年中国青少年身体素质持续下降。

### （二）新时代学校体育面貌

当中国跨步进入建设社会主义现代化国家"十四五"时期，学校体育因其既有体育运动特征，亦有无可替代的教育价值，受到党和国家领导人的高度重视。处在创建"双一流"大学的发展阶段，大学体育的教育理念、教育目标、根本任务和课程设置均受到洗礼，处在关键历史时期，大学体育更应该承担起为"双一流"大学培养人才的重任。体育人应该撸起袖子，加油干，谋划新时代学校体育发展新篇章。体育人也应该保持清醒的头脑认识到国家和社会对学校体育的期望，体会到学校体育正处在历史发展关键时期。首先，学校体育的保障措施护航学校体育发展新高度。针对学校体育问题，中共中央办公厅、国务院办公厅和国家各部委相继出台了多项政策（下文将详细论述），指明学校体育发展方向，重申学校体育对于国家和民族的重要意义，明确了学校体育的地位。其次，学校体育的育人理念拓宽学校体育发展道路。学校体育发展离不开社会学、教育学和心理学的理论支撑，在吸收和借鉴其它学科教育理念中，学校体育也逐步明确了"立德树人"的大学体育根本的育人理念。最后，学校体育的根本内容开辟学校体育工作新格局。

众所周知，学校体育的基本内容包括体育课程、课外体育活动、课余竞赛训练和学校体育文化等要素。体育课程一直处于学校体育发展的核心位置，体现了学校教育的价值和目标。实施体育课程是培养"德"、"智"、"体"、"美"、"劳"全面发展人才不可缺少的路径，是实现"五育"并举的唯一手段，建设体育课程对实现学校体育事业目标有着根本意义和作用，是落实习总书记"开足开齐体育课"的重要途径。课外体育活动是学校体育工作的重要组成部分，对增强学生身体素质、提升健康水平、培养体育核心素养起到积极助推作用，也是落实"阳光体育活动"的重要抓手，对全面贯彻执行《"健康中国2030"规划纲要》、《学校体育工作条例》和《体育课程标准》起到基本作用，对学生学习体育文化知识，自觉养成终身体育意识具有重要作用。课余竞赛训练是学校体育工作的亮点，不仅可以为国家和社会培养优秀体育后备人才，还能为学校培养体育骨干，这批体育人才对学校体育具有较深的认同感和责任感，成才后能够"反哺"学校体育事业，也是落实"勤练"和"常赛"这一国家对学校体育工作的指示，从而达到学生运动技能和健康水平"普及"和"提高"。学校体育文化是校园内物质和精神方面有关体育文化形象综合，是由学生、教师和学校体育运行所表现出价值观、信念等各个方面，成为学校体育独特的符号，成为校园文化的重要内容和形式，潜移默化地塑造着学生。

## 二、大学体育

自民国时期大学体育成为大学教育的一门重要课程。1904年，当时清朝政府制定并颁布了《奏定学堂章程 》，在章程中的高等学堂部分（体操课）被正式列为大学的主修课程。体操课的产生有其历史根源。1894年中日甲午战争，软弱无能的清政府战败后，签订了不平等的《马关条约》。自此西方人便将中国人贬称为"东亚病夫"。清朝末期，海外归来的爱国人士为拯救满目疮痍的旧中国，宣扬军事训练，激发国人奋战之精神。大学体育诞生之日，就带着强身健体，保家卫国，培养体育精神的属性。

著名教育家蔡元培倡导"完全人格，首在体育"。大学体育在育人方面发挥着不可替代的作用，大学时期是大学生品格养成的重要阶段，是大学生"人生观、世界观和价值观"逐步形成和定型的阶段。按照教育部颁发的《学校体育工作条例》，条例明确规定大学体育是学校体育教育中最高级阶段，其核心内容主要有：体育课教学、课外体育活动、课余体育竞赛和训练等组织形式。

### （一）体育课教学

大学体育课教学是大学体育的根本任务，也是提高大学生身体健康水平的重要途径。2002年8月6日教育部印发了《全国普通高等学校体育课程教学指导纲要》的通知，该《纲要》是新时期国家对大学生提出的基本要求，是普通高校制订大学体育课教学大纲的依据，是进行大学体育课程建设和评价的行动纲领。

《全国普通高等学校体育课程教学指导纲要》中要求普通高等学校必须为大一、大二年级学生开设体育课程，共计不低于144学时。该课程是大学必修课程之一，学生不能免修，是学生毕业获得学士学位的必要条件之一。学校可以根据实际情况选择不同的体育项目，设置丰富多彩的教学内容。普通高等学校需针对大三年级以上本科学生或者研究生开设体育选修课。体育课程教学设计和课程安排，符合大学生不同性别、不同年龄和不同地区的特点，促进了大学生身心健康发展，落实了我国教育方针，推动了普通高校教育事业的发展。

## （二）课外体育活动

组织学生参加各种课外活动是普通高等学校完成体育课教学之外的重要体育工作。其组织形式可分为体育文化讲座、体育运动科技创新、体育协会活动和社会体育实践等。

## （三）课余体育竞赛训练

从组织形式和活动特点来看，课余体育竞赛训练也属于课外体育活动的一种，但是由于其活动过程与竞技体育具有较强的相似性，因此，课余体育竞赛训练成为普通高校体育工作重要内容之一。2018年6月，教育部陈宝生部长在《新时代全国高等本科教育工作会议》上提出，高校要回归大学的本质功能，把"立德树人"作为首要的根本任务。在"德、智、体、美、劳"这五育中，体育是最直接、最有效体现立德树人的功能的教育过程。2020年10月，中共中央办公厅、国务院办公厅印发了《关于全面加强和改进新时代学校体育工作的意见》，《意见》明确提出运动的基本技能和专项技能，并强调通过"教会"、"勤练"和"常赛"三个内涵面来开展学校体育工作。教会，是指教师通过技能传授，让学生掌握基本技能，并学会1至2项运动技能。勤练和常赛则是课余体育竞赛训练的主要内容。从时间维度上，课余体育竞赛训练是年度体育竞赛、周期性体育竞赛。从空间维度上，课余体育竞赛训练主要包括校内、校际、国内、国际体育竞赛。从竞技能力角度看，课余体育竞赛训练有高水平队体育竞赛和普通队体育竞赛两个不同的竞技水平，高水平体育竞赛训练是指教育部布点院校和体育院校运动队，普通队体育竞赛是普通学生参加的各级别不同体育竞赛。

## 三、大学体育课外活动

大学生在高校学习期间不仅仅要学习文化知识，还要参与较多的社会实践。参加丰富多彩的社会活动，有助于大学生了解社会，提高组织能力和社会适应能力。在众多社会实践中，课外体育活动因其竞争性和合作性的显著特点，深受大学生的喜爱。大学生在学习之余，参与体育锻炼，可以强心健体，愉悦心情，结识志同道合的同学。根据我国大学生体育活动的现状分析，与国外高校的对比概括出大学体育课外活动的定义：大学体育课外活动课是大学生在文化知识课堂教学时间外，在学校内或者学校外，通过不同形式的组织与管理，参与各种社区的体育运动项目、健身与保健活动、运动APP以及课余体育训练与竞赛、校园体育文化活动等促进身心和谐发展的体育活动。在目前，大学体育课外活动处于自发的状态，学校和相关部分未对其进行系统化的管理，未能及时对学生参与活动的过程和结果进行评价和考量，严重影响了大学体育课外活动的健康发展。

## 四、大学体育第二课堂

国内的大部分学者认为除了体育课教学外，课外体育活动、体育竞赛训练等都统称为体育第二课堂。当前大学体育第二课堂越来越受到国家和学校的重视，有关大学体育第二课堂的研究文献越来越多。针对大学体育第二课堂的定义，目前有两种观点比较流行。

第一种观点由曲宗湖等学者提出，该观点以更好的完成体育教学任务为视角，将大学体育第二课堂定义为，存在于课外体育活动当中且与体育课密切相连的体育教育活动，这些均被统称为体育第二课堂，是大学体育课的充分延伸、补充和发展。

第二种观点由学者卢元镇提出，该观点从综合角度出发将体育第二课堂界定为，增进学生身心健康、培养运动参与兴趣，提高运动技能和丰富业余文化生活为目的，在相关部门人员科学的指导下而组织的各种形式内容的一切体育教育活动。

从以上两种学术观点中可以看出，大学第二课堂隶属于课外体育活动的范畴。就目前大学生的课外体育活动而言，其组织形式多样，内容丰富。它具体包括体育讲座、体育科技创新、体育竞赛与训练、体育社会实践和校园体育社团活动等。由于各个体育活动的组织者和管理者不同，各个活动的级别和活动场域不同，其管理存在不完善，保障机制不健全，缺乏相应的评价体系，未能形成规范的、系统的教育体系。因此，针对大学体育第二课堂的进行研究，重新梳理大学体育第二课堂的基本内容，分析大学体育第二课堂的在人才培养方面的学科价值，不仅具有理论意义还具有实践价值。

相关资料

### 完全人格，首在体育

蔡元培是我国近代著名的教育家、革命家、政治家，他自由接受私塾教育，深受中国儒家传统思想的影响，逐步养成宽容、豁达、公正的品格。蔡元培的母亲是一位勤俭持家、独立自强的女人，蔡母经常告诫家人要"自强"，"不能依赖他人"，当时的社会现实的女性形象是自卑、羸弱，这让蔡元培意识到女人对于家庭和社会重要性，他在不同场合极力宣扬女子体育，主张男女平等，为此开办各种女子学校，并在学校开展体育活动，培养具有"完全人格"的女性。

清末民初，军国民主义思潮兴起，其深层次原因是当时的中国需要弘扬国民体育精神，增强国民身体素质，抵御外敌入侵。蔡元培虽然极力主张军国民教育，但是他也能意识到"尚武精神"、"兵式体操课"限制了学生自由发展的空间，因此他认为学校体育的发展应该多种多样，满足学生的兴趣和爱好。在担任北京大学校长时，蔡元培主持成立"北京大学体育会"，制定《北京大学体育会章程》，建立了稳定的体育组织，积极提倡举办学校运动会，并亲自担任运动会主席。在当时办学经费不充裕的情况下，为了改善学生的体质健康状况，蔡元培提议增加体育器材和设备，修建游泳池和溜冰场，开设不同体育项目。蔡元培在演讲中提出："完全人格，首在体育"。他认为，"体育"应该与"德、智、美"四育并重，体育可以造就积极进取、坚忍不拔的品格，可以促进人的"养成公德"，可以给予人们公平、公正、团结、奋进的情感体验。如果国民没有完全人格，国家不会兴旺反而消亡。

（资料摘自北京大学体育部网站）

## 第二节 大学体育第二课堂特点

### 一、课堂教学普及程度高

大学体育教学通常被称之为"第一课堂"。因为第一课堂是国家规定的必修课程之一，学生参与第一课堂的教学活动具有强制性。不论学生是否喜欢上体育课，他们都要通过体育课的教学获得能够毕业的体育学分。所以，其参与率较高，对于提升大学生身体健康水平，培养优秀的道德品质均起到积极作用。

大学体育第二课堂作为一种新的教育制度在世界高校范围内蔚然成风。发达国家的普通高校，在兼顾社会效益时，充分挖掘高校体育竞赛活动的商业价值，将高校体育竞赛推上市场，一方面扩大学校的知名度和美誉度，另一方面可以构建丰富多彩的校园体育文化。当前，我国高校会根据自身的地理环境，师资配置，场馆设施等开设学生喜爱的运动项目，在参与运动项目的过程中，大部分学生具有一定基础，在竞技和训练时就能展示出自己的水平，能够和队友进行一系列配合完成竞赛和训练，也能够尊重对手展现出大学生良好的精神风貌，从而获得满足感，充实感，在团队中也能够获得归属感，对运动队和活动具有较高的忠实程度。随着学生对第二课堂的需求，就对学校和体育教师提出了更高的要求。首先，第一课堂和第二课堂对场馆的使用就会产生冲突。体育场馆设施首先要满足体育教学（第一课堂）的使用，然后再安排第二课堂和教职员工对场地的需求，第二课堂开展的越好，场馆设施和场馆管理要求就越高。其次，学校要制定相对完善，切实可行的规章制度，保证第二课堂的顺利开展。再次，学生对运动项目需求的多样化和专业化，体育教师师资配备也需不断完善，以满足不同层次，不同内容的需求。

自从党的十八大以来，学校体育竞赛、青少年体育、校园足球等关键词频频出现在报纸、网络、广播和电视等媒体报道中。青年少的身体健康水平已经关乎到民族复兴之大计。为了相应国家号召，贯彻和落实教育方针和政策，尽管在新冠疫情等困难面前，普通高校也能够有效应对，如期举办校运会，组织运动队训练，线上体育课教学，学校体育竞赛活动等。学校体育第二课堂以其顽强的生命力不断推广，不断扩大影响。以某"双一流"高校组织和管理的全校性体育协会为例（见表1，某高校全校性体育协会分布状况统计表），其中篮球、排球、足球"三大球"协会数量最多，普及程度最高，轮滑、攀岩、台球、飞镖等新兴体育项目也深受学生欢迎。

表1 某高校全校性体育协会分布状况统计表

| 项目 | 名称 | 校区 | 项目 | 名称 | 校区 |
|---|---|---|---|---|---|
| 篮球 | 篮球协会 | 南校园 | 羽毛球 | 羽毛球协会 | 南校园 |
| | 篮球协会 | 东校园 | | 羽毛球协会 | 东校园 |
| | 篮球协会 | 珠海校区 | | 羽毛球协会 | 珠海校区 |
| | 篮球协会 | 深圳校区 | | 羽毛球协会 | 北校园 |
| | 篮球协会 | 北校园 | 健美操 | 健美操协会 | 南校园 |
| 排球 | 排球协会 | 南校园 | | 健美操协会 | 东校园 |
| | 排球协会 | 东校园 | | 武术协会 | 北校园 |
| | 排球协会 | 珠海校区 | 武术 | 梅花桩拳协会 | 东校园 |
| | 排球协会 | 深圳校区 | | 武术协会 | 南校园 |
| | 排球协会 | 北校园 | | 武术协会 | 珠海校区 |
| 足球 | 足球协会 | 南校园 | 定向越野 | 定向运动协会 | 南校园 |
| | 足球协会 | 东校园 | | 定向运动协会 | 东校园 |
| | 足球协会 | 珠海校区 | | 定向运动协会 | 珠海校区 |
| | 足球协会 | 深圳校区 | | 定向运动协会 | 北校区 |
| | 足球协会 | 北校园 | 国际标准舞 | 国际标准舞协会 | 东校园 |
| 游泳 | 游泳协会 | 南校园 | | 国际标准舞协会 | 珠海校区 |
| | 游泳协会 | 东校园 | | 国际标准舞协会 | 北校区 |
| | 游泳协会 | 珠海校区 | 跆拳道 | 跆拳道示范团 | 北校区 |
| 田径 | 田径协会 | 南校园 | | 跆拳道示范团 | 南校园 |
| | 田径协会 | 东校园 | | 跆拳道协会 | 东校园 |
| 击剑 | 击剑协会 | 南校园 | | 跆拳道协会 | 珠海校区 |
| 乒乓球 | 乒乓球协会 | 南校园 | 毽球 | 毽球协会 | 南校园 |
| | 乒乓球协会 | 东校园 | | 毽球协会 | 东校园 |
| | 乒乓球协会 | 珠海校区 | | 毽球协会 | 珠海校区 |
| 网球 | 网球协会 | 南校园 | 棒垒球 | 棒垒球协会 | 南校园 |
| | 网球协会 | 东校园 | | 棒垒球协会 | 珠海校区 |
| | 网球协会 | 珠海校区 | 自行车 | infinity自行车协会 | 东校园 |
| | 网球协会 | 北校园 | | 自行车协会 | 珠海校区 |
| 户外运动 | 岩舞攀岩协会 | 珠海校区 | 轮滑 | 6U轮滑协会 | 东校园 |
| | 户外运动协会 | 珠海校区 | | 轮滑协会 | 珠海校区 |
| 综合体育类 | 一起跑协会 | 东校园 | 休闲体育 | 探险协会 | 珠海校区 |
| | 击跆道协会 | 南校园 | | 桥牌协会 | 南校园 |
| | 剑道社 | 南校园 | | 台球协会 | 珠海校区 |

资料来源：依据某高校团委微信推送信息（统计截至2020年8月）

## 二、课堂内容多样化

通过广东省114所普通高校的实地调查发现，每所高校开展大学第二课堂的形式多样，内容丰富。根据学生参与大学体育第二课堂身体活动形式不同，将大学体育第二课堂内容归纳为三种结构类型：竞赛训练类、体育实践类和体育文化知识类。

### （一）竞赛训练类

竞赛训练是大学体育第二课堂的主要结构类型，学生在活动中进行大强度的身体训练和复杂多变的智力能力训练，并在体育竞赛中展示自我，该类型课堂的主要目标是获得竞赛优胜。为了达到竞赛目标，则需要组织系统训练。大学生参与训练活动，可以增强大学生体质，培育健全人格，锤炼其意志。竞赛则成为检验第二课堂训练成果的有效途径，是展示大学生体育素养的重要载体，学生以运动员身份参加各级别竞赛训练活动是普通高校向社会宣传良好形象的窗口。学生参加竞赛训练类体育课堂的直接目的是在比赛中获得优胜，竞技水平低一点的选择在校内参加班级比赛，院级比赛和全校性比赛，通过校内赛事的磨练和选拔，具有一定水平的队员就有机会进入校队。通过在校队的训练，当竞技水平达到比较的程度后，就能够代表学校参加校级比赛，全国乃至国际比赛。以上的情况是针对普通院校普通学生而言。在体育专业院校和普通高校高水平运动员来说，这部分学生还承担代表学校参加比赛，代表所在省市大学生参加学运会的任务。

### （二）体育实践类

体育实践类是指学生在活动中进行简单的体力劳动，更关注学生自活动的管理能力、动手能力和应变能力的培养。例如学生参与校运会志愿者、工作人员、裁判员、体育科技创新活动等。部分大学规定学生需要参加公益活动，鼓励学生参加社会实践活动，那么体育实践类大学体育第二课堂就成为大多数学生的选择。以参加学校运动会为例，学生可以是运动员，也可能会做裁判员、工作人员等服务工作。如果是第一种情况，学生就是参加了竞赛训练类第二课堂，在第二课堂考核时，就以参加运动会的成绩为依据。如果后一种情形，学生就是参加了体育实践类第二课堂。在成绩考核时，就需要以参与时间长短和工作强度为评价依据。

### （三）体育文化知识类

体育文化知识类是指学生在体育实践中获得经验或者从体育理论学习中掌握体育文化知识。大学是继承、传播和发扬体育知识的主要场所。学生在体育文化发扬中发挥不可替代的关键作用。体育文化类第二课堂需要学生更多的脑力活动，掌握必要的体育知识，陶冶体育审美情趣。例如学生体育知识的学习，参与体育讲座，观赏体育竞赛等。

综上所述，大学体育第二课堂内容多样化，但是没有强制性规定，其难度和活动范围远远超过第二课堂教学大纲的范围。其内容可以是简单易行，不受场地限制的运动项目，例如跳绳、棋牌类、健身气功等运动项目；也可以是国家大力倡导的"三大球"足球、篮球和排球运动项目；也可以是飞镖、飞盘、户外运动、定向越野、普拉提、街舞等时尚休闲的体育运动项目，学生均能自发地组织、训练和比赛，凡是能够愉悦身心，强身健体的体育手段，都可被纳入到大学体育第二课堂的教学体系中。

**表2 某高校秋季学期学生体育赛事安排表**

| 学期 | 赛事 | 比赛时间 | 分区赛 | 总决赛 |
|---|---|---|---|---|
| | 排球 | 9月-12月 | 四校园、区 | 南校园 |
| | 游泳 | 10月 | 四校园、区 | 南校园 |
| | 校运会（田径） | 11月中 | | 南校园 |
| 秋季学期 | 跳绳（秋季赛） | 10月 | | 南校园、珠海校区 |
| | 网球 | 10月 | | 东校园 |
| | 定向越野 | 11月末 | | 东校园 |
| | 健美操 | 12月初 | | 东校园 |
| | 中国大学生马拉松联赛（分站） | 10月27日 | | 南校园 |

## 三、管理难度复杂化

普通高校培养人才始终围绕"为谁育人"、"如何育人"、"育什么人"来开展相关工作，而体育在人才培养方面具有独特的，无可替代的教育价值，这些价值往往被高校校长，行政部门管理者忽略，甚至是无视。我国著名教育家张伯苓曾说过，"不懂体育者，不可以当校长"，也就懂体育就能管理好体育，才能发展好体育。正因为大学体育第二课堂具有不可估量的育人价值，所以才给管理增加难度。管理难度一方面体现在大学体育第二课堂组织和实施，另一方面体现在培训和鼓励参与大学体育第二课堂的体育教师和工作人员，体现在对参与大学体育第二课堂学生的引导和培养。

大学体育第二课堂除了上述特点外，有学者还提出竞技性、观赏性、自主性、广泛性等特征，这些也是体育运动的基本特征，在此就不一一论述。

**相关资料**

### 大学体育被边缘了吗?

根据我国7次大规模学生体质健康调查显示，近十年来我国中小学生体质健康水平已经呈现向好趋势，然而需要警醒的是，与此同时，大学生的体质健康水平整体呈现下降趋势。为何在中小学生体质向好的前提下，大学生体质却不升反降? 难道大学体育被边缘化了吗?

然而，在叹惋痛心大学体育的低地位前不妨先明晰一点: 在某种程度上，这或许是学生在义务教育阶段被迫强制性参与体育运动以提高身体素质的反噬。

近十年来国家对中小学生体质健康十分关注，而且全国各地都需要实行体育中考。不同地区对体育中考有不同程度的要求，云南省体育中考分数甚至达到了100分，同语文数学外语分数一样。而相比中考成绩这样硬性的指标，高中、以及大学阶段对体育的要求显然要宽松得多，多半是以"体质测试+平时成绩+期末考试成绩"的方式进行考核的。也就是说，小学到初中阶段的学生们对提高或者保持身体素质有着更为紧迫的要求，而不少高中生和大学生因为体育成绩对总体成绩的影响不大，减少了对体育的重视，甚至抱着"及格就好"的心态、在平时疏于锻炼。

大学生体质健康水平的下降说明了一个至关重要的问题——中国学生对体育运动的积极性普遍不高，相比主动参与体育活动以提高个人身体素质，更多的是被动进行体育锻炼。只是由于国家对中小学生体质健康水平的高度重视，让这个问题的呈现稍微滞后了。

如果说"大学体育被边缘化了"是个真命题，那么始作俑者有大学生课业压力大、体育运动时间被压缩，有学校体育活动组织不佳、吸引力弱，更有中国学生对体育运动的低积极性，前期强制性体育锻炼营造出的"良好体育氛围"的假象等多方面。

虽然良好体育氛围的营造、以及体育兴趣的培养自然是越早越好，但是仍有一些举措是大学可以采取、来提高学生体育运动的积极性的。比如多举办一些体育比赛，例如排球比赛、跳绳比赛、篮球比赛等。

## 第三节　建设大学体育第二课堂意义

习近平总书记在全国高校思想政治工作会议上明确提出：高校"要重视和加强第二课堂建设"，要"重视实践育人，坚持教育同生产劳动和社会实践相结合，广泛开展各类社会实践"。大学体育应当主动与思想政治教育紧密融合，尤其是大学体育第二课堂的构建需要在马克思主义、毛泽东思想的指引下开展有关工作。

### 一、时代意义

进入新时代，踏上新征程，教育事业该如何发展？党的十九大报告指出："建设教育强国是中华民族伟大复兴的基础工程，必须把教育事业放在优化位置，深化教育改革，加快教育现代化，办好人民满意的教育"同时，还强调了把科技创新放在重要位置，强调了人才的重要性，并对青年寄予殷切希望。

在新时期、新阶段，中国顺应国内外形势发展变化，抓住重要的战略机遇期，完善社会主义市场经济体制，进入中国特色是社会主义新时代。我国经济由高速增长进度转向高质量发展阶段。高质量发展要求我国经济要从主要依靠增加物质资源消耗实现的粗放型高速增长，转变为依靠技术进步和提高劳动者的综合素质，实现高质量发展。高质量发展的目标就则是要推动我国经济持续健康发展，更好的满足人民群众多样化、多层次、多方面的需求。

建设大学体育第二课堂符合当代教育发展趋势。《中共中央国务院关于深化教育改革全面推进素质教育的决定》和《国家中长期教育改革和发展规划纲要（2010—2020年）》提出要求，共青团中央、教育部、全国学联面向全国高校开展了"大学生素质拓展计划"活动。开展"大学生素质拓展计划"有利于进一步促进高校实施素质教育，最终实现建设教育强国和人力资源强国的宏伟目标。普通高校实施该项活动的着力点，应当立足于充分利用高校校内外资源开发大学生的人力资源潜能。"大学生素质拓展计划"主要内容体现在以下六个方面：思想道德修养、科技创新、文体艺术、社会实践、社团活动与职业技能培训。活动要求提出之后全国高校都将这项内容列为教育工作重点之一。

在教育思想发展史上有实质教育、形式教育和范畴教育三个历史阶段。范畴教育这一现代教育思想认为不能把传统知识和发展能力二者割裂开，可以将其统一在同一教育中，使两者同时培养实现，这种辩证地对待传授知识与发展能力，既重视系统地传授文化科学知识，也重视发展学生个性与能力的思想，是现代教育的一个重要特征。把"第二课堂"引进学校体育教育，开发体育"第二课堂"，同样具有非常重要的意义。学校体育是一个多目标、多功能的系统，课堂教学只能王城系统的部分目标和功能，开发体育"第二课堂"，无疑有助于系统整体功能的发挥，满足学生个人兴趣爱好，并使学生养成锻炼习惯，掌握锻炼本领，这是学校体育其他内容多不能替代的。

目前大学教育的第二课堂已经得到了一定程度的发展，改变了传统教育体系中不合理因素。大学体育第二课堂的构建成为大学体育改革的主要阵地，是实施全面育人计划的重要环节，因此，在中国步入"十四五"发展时期，构建大学体育第二课堂具有明显的时代意义。

## 二、学科意义

2018年9月10日在全国教育大会上，习近平总书记的讲话，构建了崭新的学校体育"四位一体"的目标体系。学校体育首先要树立健康第一的教育理念，面对学生要开足、开齐体育课，帮助学生在体育锻炼中"享受乐趣"、"增强体质"、"健全人格"、"锤炼意志"。这不仅是对古今优秀体育理念的科学总结与集成，同时也是对学校体育理念的重要创新和发展。大学体育第二课堂的建设，呈现出体育课程内容和形式的多元化，符合新时代各级各类高校学生的需求。随着教育变革和社会进步，学校体育的发展和改革不断向深水区迈进，不断探索如何更好的发挥体育育人的价值。

学校体育涵盖了小学、中学和大学体育三个重要阶段。大学体育第二课堂的建设需要充分认识中小学体育课程建设的基础性作用，同时要针对大学体育课程的要求和特点全面设计。大学体育第二课堂的开展形式不受到教学大纲和教学计划的限制，可以采取灵活多变的教学形式，从而形成了一种充满合作、竞争、研讨以及创新的课堂氛围。在大学体育第二课堂里，体育教师可以针对不同的课堂类型，根据当代大学生的身体素质特点，采取有针对性的项目技术教学内容和方法。学生在大学体育第二课堂中可以各尽其才，充分调动主观能动性和学习积极性，在丰富多彩和满足自我精神需求的教育活动中实现身体素质的全面提升。同时，大学生在参与大学体育第二课堂的教育实践中可以更加深入的学习自己感兴趣的运动项目，并将所学的技术动作应用于体育竞赛中，在运动项目中磨练其意志品质。大学生在体育实践活动过程中可以学会团队配合，掌握体育竞赛的组织与管理。

系统地参与大学体育第二课堂的教学活动，接受大学体育第二课堂的教育是培养大学生良好的身体素质的全面发展的重要手段。因此，从体育育人角度，提炼大学体育第二课堂的指导思想，设计课堂内容，建立教学组织体系和教学评价体系，有助于发展体育学科发展。

### 三、理论意义

建设大学体育第二课堂有助于提升大学体育的话语权。教育的本质是培育全面发展的人，一个没有受到体育教育的人不可能成为一个完整的人，高校对于人才培养缺少体育的教育是不完整的教育。大学体育的本质功能就是培养健康体魄的人才，教学、训练和竞赛是重要途径，也是大学体育存在的价值和意义。其次，大学体育的改革的目标在哪里？改革的核心在哪里？而不是体育重要考"体育"，需要改变的不是体育教学，需要改变的是当今社会对体育的理念。体育教育需要有科学理论。更需要实践理论。

"体育强则国运强，体育兴则国运兴"。要想成为体育强国，根源在青少年体育素养的培养。中国的青少年在哪里？在学校！在体教融合的背景下，需要体制创新，需要理论创新，需要国家体育总局和教育部携手解决体教融合中出现的问题，共同提高中国体育事业发展。

# 第二章　我国大学体育第二课堂的发展研究

## 第一节　大学体育第二课堂的历史沿革

在我国自大学体育诞生之日起，学校运动队竞赛训练和学校运动会相继开展，这成为大学体育第二课堂的主要形式，并且一直延续到今天。1951年8月，中国国务院的前身政务院发布了《关于改善各级学校学生健康状况决定》，其中要求学生每天的体育、娱乐活动或生产劳动时间，除体育课及晨操或课间活动外，为1小时至1小时半。这是我国首次在政府文件中对体育第二课堂做出要求。

为了改善青少年体质健康水平，助推我国体育事业发展，我国借鉴苏联的先进经验，全国范围内推行"准备劳动和卫国体育活动"体育制度，简称"劳卫制"。以北京大学为代表的北京市率先重点试行了该项制度，并根据"劳卫制"的精神制定出体育锻炼考核标准，要求青年学生争取达到这个标准，提高大学生参与体育运动的积极性。在我国体育界的努力下，"劳卫制"得到全国各界的拥护，这不仅推动了我国学校体育事业发展，还大大提升了全国人民的劳动热情和身体素质。在中苏关系破裂后，"劳卫制"实现了中国化，于1964年改为《青少年体育锻炼标准》，经过近六十年的发展，最终衍变成现行的《国家学生体质健康标准》。2014年7月，教育部印发了《国家学生体质健康标准（2014年修订）》，要求各级各类学校每学年对在校生进行全覆盖测试，并规定学生的体质健康测试成绩与学生评优直接挂钩，成绩不达标（不到50分）者需按结业或肄业处理，测试和管理工作以及学生以达标为目的的体育锻炼构成了大学体育第二课堂的重要内容之一。

体育竞赛训练始终是学校体育第二课堂的主要内容。大学生的身体素质其实在中、小学生时已经打下来基础。从一定程度上来讲，中、小学生的身体素质好坏决定了大学生身体健康水平的高低。自建国以来，党和政府高度重视中、小学生的身体健康状况。但是由于建国初期，我国遭遇旱涝、地震等自然灾害，并面临持续几年的国家经济困难。中、小学生的生活水平极其低下，出现了身体发育不良、近视眼学生数量增多的现象，在普通高等院校招生测试中健康检查不合格学生增加。在这样的历史背景下，1964年8月，国务院批转了教育部、体育运动委员会、卫生部"关于中小学生的健康状况和改进学校体育、卫生工作的报告"。《报告》中明确指出，学校每年举办一次田径运动会。为满足体育积极分子的需要，提高其技术水平，学校根据实际情况和传统习惯，以学生自愿为前提组建学校运动队，组织训练每周两次。学校还为学生举办校内各类体育竞赛，同时鼓励学生积极参加校外的学生运动竞赛。1979年10月，国家体委、国家教委联合颁布了《高等学校体育工作暂行规定（试行草案）》，时隔11年，1990年3月，国家教育部发布了《学校体育工作条例》，《学校体育工作条例》于2017年3月《国务院关于修改和废止部分行政法规的决定》修正，上述学校体育工作条例均将课外体育活动（大学体育第二课堂）看作是高校体育工作的重要环节，被认作是提升学生体质健康的有效措施。几经修该的学校工作条例无疑是大学体育第二课堂的开展提供法律基础，它确立了大学体育第二课堂的地位，指明了大学体育第二课堂的发展方向，促进了大学体育第二课堂在不同历史时期内的发展。

**延伸阅读**

### 新中国的第一项体育制度——"劳卫制"

劳卫制全称是"准备劳动与卫国体育制度"，是我国建国初期从前苏联引进的一种体育制度，其最初的目的是鼓励国人积极参与身体锻炼，其后演变成为《国家体育锻炼标准》，该制度能够促进我国人民群众开展体育活动，提升全民身体素质水平。1930年，前苏联为了发展体育事业，制定了符合苏联当时的经济社会状况的劳卫制，号召该国的青年积极参加体育运动，强身健体，积极投身到劳动生产和保卫祖国的行动中去。劳卫制根据不同年龄、不同性别的生理特点，设立了六个等级标准分别是：一是通过起点的准备；二是大胆和灵巧；三是体育接班人；四是力量和勇敢；五是全面发展；六是强壮和康健。该制度体现了当时体育为战争服务的特性，充分利用了体育作为社会主义教育的手段，为社会主义进行社会和国防建设提供了可借鉴的范式。劳卫制在我国的发展是在国与国之间的交流开始和结束。1964年，随着中、苏关系的恶化，我国将《劳动卫国体育制度条例》改为《青少年体育锻炼标准》，直到1975年，最早的劳卫制演变为目前推行的《国家体育锻炼标准》。虽然《青少年体育锻炼标准》和《国家体育锻炼标准》的目的和意义相同，但是具体内容几经修改和完善，如今的标准更加科学、更加实用。

## 第二节　大学体育第二课堂的相关研究

### 一、课外体育活动的研究

截至2020年12月，在中国知网，以"课外体育活动"为关键词检索出1528篇相关文献，在篇名中检索"课外体育活动"共发现2155文献资料。

关于国内的课外体育活动的研究是从1955年开始的，其标志是孙竞存在《人民教育》上发表《如何以劳卫制为中心改进中等学校体育课和课外体育活动》一文，以苏联中等学校排球运动队的教学训练计划为案例，提出中等学校体育的目的是促进学生正常发育、增进健康水平、学习运动基本技能、培养良好的运动习惯和道德品质。1986年，学者王则珊对体育课与课外体育活动的关系进行了论文，认为课外体育活动是体育教学的延伸和补充，首次将课外体育活动等一些列体育教学之外的活动统称为"体育第二课堂"或者"体育第二渠道"。1987年，肖进勇根据高等师范专科学校的办学特点、培养目标、课程设置探讨了课外体育活动的组织与管理，认为体育教研室是课外体育活动的主管部门，并从心理学角度分析了学生人际关系与课外体育活动的关系，最后体育管理和组织课外体育活动的途径。1988年，宋振庆在《高校课外体育活动技术性组织管理形式的选择与实施》中利用量化分析方法，对高校可以体育活动的技术性组织管理形式划分了三种形式：课外辅导、运动训练和体育竞赛，从教师构成，学时分配和场地数量，提出"全员满负荷作制度"的管理形式。李国胜，李丙晨等人在针对大学生参与课外体育活动的兴趣进行调查研究结果，建议将大学生喜爱的体育项目纳入到课堂教学计划之中。2019年，沈洋以高等职业院校为调查对象，阐述了高职院校开展课外体育活动存在的问题：学校不够重视课外体育活动、场地设施不完善、学生参与锻炼的意识不够强。2020年，赵云鹏、康大伟针对高校俱乐部实施课外体育活动进行了研究，阐述了大学体育俱乐部的管理、具体内容和实施方案，通过研究发现，课外活动采用俱乐部形式有利于培养大学生的体育意识，能够提高大学生的身体机能和身体素质，对大学生心理健康有积极的作用。洪士嘉、钟恒炳等从"玩"、"练"、"赛"三个内涵要素出发，构建了课外体育活动"一体化"的实施策略。学者吕伯文论证了阳光体育运动对大学课外体育活动的影响研究，从另外一个侧面证实了阳光体育运动也是大学课外体育活动的重要组成方面。

关于国外的课外体育活动，国内学者也进行了大量的研究。苗大培从留学日本两年的经历，深刻介绍了筑波大学的课外体育活动。李宝凤、邵惠德两位学者则对美国、日本和加拿大三个较为发达国家的学校的课外体育活动进行比较研究，分析出各自的优势和不足，并为我国课外体育活动的开展提供借鉴。

综上所述，课外体育活动的实践和研究具有很强的时代特色。建国初期，实行"劳卫制"时，其研究文献围绕体育达标开展相关研究。伴随着社会进步和教育事业的蓬勃发展，关于课外体育活动的研究则从中小学，延伸到高等师范专科院校，再到高等职业院校、普通高校。"师夷长技以制夷"，学者们又将研究的目光投向美国、日本和加拿大等发达国家的学校体育中，并对不同国家体制下课外体育活动做了比较研究。从微观层面来看，上述研究从课程组织实施、课程内容安排、训练计划等方面详细阐述了课外体育活动的构成。从宏观层面来看，研究者运用教学论和心理学理论探析了课外体育活动的理论意义。采用量化研究的方法探讨了大学生参与课外体育活动的动机，分析了场地设施、师资水平、阳光体育活动因素对课外体育活动的影响。因此，上述研究均有实践价值，对推动课外体育活动起到一定的作用，但是未能将课外体育活动的考评体系、激励机制和保障体系进行研究，未能和大学第一课堂建立有机联系。

## 二、学校体育俱乐部相关研究

截至2020年12月，在中国知网，以"学校体育俱乐部"为关键词检索出114篇相关文献，以其为篇名进行检索，共发现149文献资料，其中包括4篇外文文献。笔者随即用"School Sport Club"为篇名检索出129篇文献，其中韩文和日文居多。Nomoto，T等学者于1987年，在《日本体育教育研究》杂志上表了《大学生参与体育俱乐部下降趋势的哲学研究》，也引起了中、日、韩对学校体育俱乐部的研究热潮。1982年，国内学者曾凡辉在访问罗马尼亚后，从中罗两国竞技体育的田径项目思考出发，论述了体育俱乐部在培养国家后备人才的重要性。

2007年，吴强松、周俊辉等借鉴德国学校体育俱乐部发展模式，分析了我国大学体育俱乐部教学模式的发展。虽然德国的国情和教育体制与我国有较大区别，但是通过比较研究也能给中国的大学体育俱乐部发展提供借鉴意义：大学体育俱乐部应该树立"以人为本"的教育理念，鼓励学生自主参与，加强学校体育俱乐部的民主性，进一步明确会员的权力和义务，促进大学体育俱乐部的健康发展。

2018年，郭伟、滝瀬定文中日两位学者共同发表《日本中小学体育俱乐部发展经验对我国学校体育俱乐部建设的启示》一文中提出，中小学体育俱乐部首先需要为学生创造舒适的体育教育环境，建立完善的学校体育俱乐部法制保障体系，下方俱乐部的主导权，实现社会、学校和学生共治的体系。

著名体育学者陈小蓉针对针对国内高校体育俱乐部的研究和实践研究颇丰，1996年发表的《大学体育实行俱乐部教学的改革尝试》可谓吹响了大学体育俱乐部教学改革的号角。该研究强调了大学体育应当与中小学体育有机衔接，解决好学校体育与终身体育的认识问题，处理好从事体育锻炼的自觉性和强迫性的问题，并对比研究了俱乐部教学和体育课教学特点，最后推出了大学体育实行俱乐部教学的改革尝试。

国内学者从"运动处方"和"健康"的角度对学校体育俱乐部进行了研究。2003年，孙雁雁等人从"健康教育理念"的角度，探索了学校体育俱乐部的建立与展望，指出对学校体育俱乐部发展认识不足，健康教育理念未能落实，学校体育俱乐部开展过程存在管理不当等相关问题。2007年，张月宏从我国普通高校学校体育俱乐部的教育功能角度，探讨了大学体育教学内容，并针对大学体育俱乐部存在的问题，提出研究建议：强调训练的科学化和现代化，并逐步推行"运动处方"，增强大学生健康意识，以体育发展促进大学生的健康成长。2015年，学者者胜祥、李丽丽以云南省普通高校学校为调查对象，对体育俱乐部教学内容进行研究，提出在教学内容中加入"运动处方"的必要性，提高学生体育健康意识。学校体育俱乐部对终身体育的培养也引起了学者的研究兴趣。2017年，陶士勇指出了学校体育俱乐部对终身体育的培养具有明显作用，终身体育意识的养成又对学校体育俱乐部的发展积极作用。

学校体育俱乐部也具有社会组织的特性，在其发展中如何发挥其特性更好的为学校体育发展提供服务成为学者关注的焦点。2012年，张勇在《学校体育俱乐部的经营策略探析》研究中分析了学校体育俱乐部为了满足学生和教工以及社会的需要可以有偿开放体育场馆，并提出根据市场导向，制定相应的营销策略，打造学校体育俱乐部品牌，培育和发展学校体育俱乐部的消费市场。2012年，王骏等人在"补贴与项目委托契合"为背景，以上海市政府、本部分高校和体育俱乐部为调查对象，研究了体育公共服务供给模式。2013年，何明辉，王晶等以体育管理学为基础，分析了学校体育俱乐部的社会责任，研究指出学校体育俱乐部具有社会属性，应当承担为学校和社会提供公共产品的义务。2017年，段志勇、刘擎志、康厚良等对大学体育俱乐部课内外一体化模式进行研究，认为大学体育俱乐部课内外一体化是学校体育发展的趋势，只有将体育课教学、课余体育锻炼、体育竞赛组织和运动队训练以及学生体育社团有效整合，才能够真正实现"课内外一体化"。

总而言之，纵观国内外研究文献可以看出，无论是国内，还是国外，无论是对比研究，还是个案研究，有关学校体育俱乐部的研究视野十分开阔，积累了丰富的研究资料，为我国学校体育俱乐部的开展提供参考依据。站在理论和实践的角度上分析，理论和实践结合的相关文献较少，其学校体育俱乐部的理论论述重于实践应用，研究成果的推广受到限制。从归纳和演绎的研究方法角度看，学校体育俱乐部的研究仅仅是阐述问题，未能上升到一般问题得出研究结论。因此，学校体育俱乐部的研究应当充分借鉴母学科的理论，采用归纳-演绎的方法总结出根本性问题，高屋建瓴提出建议。

### 三、高校运动队竞赛训练的研究

截至2020年12月，通过中国知网检索"高校运动队竞赛训练"或"大学运动队竞赛训练"显示相关研究只有一篇。其研究论文是王建伟、崔安福等学者，于2020年7月在广州体育学院学报上发表一篇《大学治理语境下高校运动队竞赛训练的价值取向及其实现路径》。以"高校运动队"为关键词225篇，根据研究文献显示，倪进于1988年在上海体育学院学报发表了《试论高校运动队竞赛训练育人工作》，该研究也是最早研究高校运动队竞赛训练育人工作的文献。近几年，国内学者围绕高校运动队的研究范围越来越多。2020年，唐照华等以高校运动队的训练、比赛、管理、人才库为切入点，以计算机、体育、管理交叉理论为基础，构建了高校运动队智能服务管理平台，该平台用于帮助运动队以更加便捷、高效、科学的方式开展比赛、训练和管理，为科学决策提供数据支持，为高校运动队科学训练、比赛和管理提供综合信息资源、互动信息网络和个性化信息服务。2020年，崔文轩对高校运动队的建设提出了加强教练师资引进和培养、建立校企合作募集更多竞赛经费、增加学校体育特色项目等科学性建议。2020年，王建伟等从大学治理的视角，分析了高校运动队竞赛训练的价值：以提高身体素质为核心的价值，以健全人格、丰富学科结构的独特价值，以商业化和体育文化构建为中心的目标价值，并根据其价值维度提出发展高校运动竞赛训练的路径。2019年，李洪磊以大学生就业能力培养为出发点，提出高校运动队建设的价值涵义，认为高校运动队的价值主要体现在引领作用和对就业价值观的促进作用。2016年，郭传燕分析了高校运动队建设对大学生体育行为产生积极影响，首先提高对体育的认知水平，其次能提高锻炼意识，再次营造良好的校园体育文化等。

国外学者多采用量化研究的方法，从心理学和社会学角度对高校运动队进行多角度、不同层面进行研究。2020年，M Blair等人对高校运动员的社会认同和社会幸福感的研究发现，高校运动员的社会认同感往往能够引发主观幸福感。在获得和保持高校运动队队员资格时，队员的认同感有不同程度变化，并能预测大学生的生活满意度和主观幸福感。基于大学生幸福感不断下降的趋势，建议在高校运动队中培养其社会认同感。2020年，G. Scott等人对高校俱乐部运动队酗酒成瘾的群体和个体的动态特征进行了多层次的调查研究。2019年，M.Leilani通过对NCAA第一分区教练员的心理韧性进行研究，认为能够充分利用资源、心理技能培训、合理利用数据、招募队员是提高心理韧性的几个策略。2015年，Suk-Kyu Kim以NCAA（美国高校体育协会）第一分区的高校运动队Twitter帐户为研究对象，将其账户分为官方账户、媒体账户和外行账户，分析了三种类型账户在男子、女子运动队中的影响力。2014年，韩国学者朴载岩在《韩国融合学会杂志》发表《关注高校运动队社交媒体账号的动机研究》，该研究认为关注社交媒体动机分为七种不同：获取信息、消遣娱乐、社会化、消磨时间、粉丝、团队支持和技术知识等。2012年，韩国学者千恩久在《韩国体育科学》发表关于《高校运动队属性、认同感、忠诚度与授权产品购买意向的关系研究》，该研究通过调查455名首尔大学和K大学的大学生，发现大学生运动队队员对团队认同有显著影响，对团队忠诚有显著影响，但对授权产品的购买没有显著影响。

由上可知，从研究内容来看，国内外学者研究不仅涵盖高校运动队竞赛训练的主导者——教练员，还包括高校运动队竞赛训练的主体——学生运动员；不仅关注校园场域内的运动队竞赛训练现象，还关注系统外与高校运动队竞赛训练密切相关的体育现象。从研究方法看，既能做到质性研究，也能做到质性和量化研究相结合的文献资料。以上研究能够引起社会、学校、教师和学生的重视，也为体育学科发展带来理论和数据支撑，但是个案研究较少，基本流于表面叙述，未能深入研究，也未能就高校运动队竞赛训练提出建立校园体育文化的可行性措施。

## 四、第二课堂的研究

截至2021年1月，在万方数据知识服务平台，以"第二课堂"为篇面检索出7344篇相关文献，以"大学第二课堂"为篇名进行检索，共发现1314篇文献资料，1992年，成为第二课堂活动的研究起点。1995年，李娟根据个人工作经验和学校实际情况，对大学第二课堂的教育功能和不可替代的优势进行阐述，提出开展大学第二课堂应当注意的事项。1995年，甘利人的《校企共建第二课堂的探讨与实践》研究表明，在市场经济下学校和企业共同建设大学第二课堂是培养社会所需人才的必要途径。1996年，张子良在"素质教育"的背景下，对小学的第二课堂的教学内容，课时安排、教学目标进行深入研究。1997年，马昌贵等人以体育院校专选课的改革为突破口，论证了体育第二课堂的实施方案。2018年，吴铁军、丁燕等以文化互动为研究视域，从"发现式"、"合作与互动"、"教学工具性"三个路径构建了大学英语第二课堂。2019年，吴疆鄂、唐明毅、聂清斌等人对32所高等院校共青团"第二课堂成绩单"的运行机制进行深入探究，发现高校实施"第二课堂成绩单"过程中存在宣传工作不到位、课程结构不完善、学时安排不合理、评价和保障体系不健全等问题，并提出做好顶层设计建议。学者陶好飞针对高校"第二课堂成绩单"制度的关键结构进行研究，阐释了其历史发展。2019年，李丽、周广等从高校第二课堂的育人价值角度进行研究，阐述与专业教育相融合的育人体系。

时间跨入千禧之年后，学者对大学第二课堂的研究更加注重与思想政治教育相结合，更加注重大学第二课堂育人价值的研究。2000年，王绍钦反思大学第二课堂的定位，强调学生在课程活动中的主动学习的重要性，主张教师的角色应该由主导转变为辅导，教师的作用应当由引领作用过渡为助推作用。2000年，范德举以邓小平理论为指导，论述了开展大学第二课堂对于促进学生德、智、体、美、劳全面发展的必要性和价值。2020年，曾德生针对大学第二课堂的思想政治教育价值进行实践研究，探索出四条路径推进大学第二课堂的建设：首先贯彻和执行大学生素质拓展计划，其次采用学分制管理制度，再次加强第二课堂的课程化建设，最后坚决落实"第二课堂成绩单"制度。2020年，彭文刚、吕在艳等在"第二课堂"制度下，探索大学体育社团活动对学生能力培养的路径，并针对体育社团培养目标模糊、考评体系较随意、激励机制不完善等，提出建设路径。2020年，李娇楠以武汉大学为案例，分析了"第二课堂成绩单"制度运用与启示，认为课程项目体系和大数据管理平台是实现"第二课堂成绩单"制度育人价值的有力保证。2007年，刘大允基于大学生思政教育的实践，重构大学生第二课堂教学设计，认为应当充分利用第二课堂的优势，从机制入手，发挥第二课堂的育人功能，建立完善的课程内容体系。2008年，李桂英以构建和谐大学校园为视域，审视大学第二课堂的育人功能重点，最后提出实现路径：一是正确认知第二课堂的育人价值与功能；二是切实构建长效机制；三是加强第二课堂专业指导；三是促进第一课堂与第二课堂的融合。

通过上述文献资料可以发现，1992年—2000年之间的研究基本是个人教学经验和实践论述，2000年至今，以高校共青团发布"第二课堂成绩单"制度为契机，学者关于第二课堂的研究更加注重思想性、科学性、理论性和可行性研究。但是研究的重点基本围绕英语、思想政治教育等课程，对于大学体育第二课堂的研究较少。

### 五、大学体育第二课堂的研究

截至到2021年1月，以"篇名""关键词""摘要"同时在中国知网检索未发现有关于"大学体育第二课堂"的研究。随后以"体育第二课堂"为篇名进行检索，共发现相关期刊论文和硕士论文共48篇。关于体育第二课堂的研究最早研究始于1985年，段永新在辽宁体育科技发表《搞好体育第二课堂教学的新途径》一文。1995年，樊少波、孙晓春等人发表在《吉林教育科学》期刊上的《我国普通高校体育"第二课堂"理论的探讨》是国内最早关于大学体育第二课堂的研究。

国内学者对"大学体育第二课堂"进行了大量研究。2020年，张娟等以贵州大学生为调查对象研究了体育第二课堂对大学生体质健康的影响，研究发现大学生将跑步做为体育锻炼方式首选项、大学生参与大学体育第二课堂后，身体机能以及素质均有显著提升。2020年，张丽以甘肃交通职业技术学院为案例，重点研究了大学体育第二课堂中体育社团活动，并提出周末是开展大学体育第二课堂的最佳时间，体育社团活动是开展大学体育第二课堂最优的锻炼途径，构建了"大学体育课教学"——"体育社团"——"校运动队"的三级金字塔式体育课程模式。2020年，石松源、张丽等采用数理统计的方法，对参与大学体育第二课堂学生的身体形态进行了相关性分析发现，不同体育项目、运动时间对体态有显著影响，参与中等强度的体育锻炼时，耐力和速度都有明显提高。2019年，在课内外一体化的改革背景下，张跃对大学体育第二课堂的构建进行了研究，认为大学体育第二课堂就是"开放的活动课堂"，并将大学体育第二课堂的内容划分为：文化类活动、竞赛活动类和校园体育文化活动类三个基本内容结构，并从目标、原则和主要事项三个方面构建大学体育第二课堂。2019年，刘远海、左婷婷等从学业管理和教学实践角度构建大学体育第二课堂，认为课堂内容完善、保障措施完备和评价体系完美是构建大学体育第二课堂的重要"三部曲"。2018年，宋义忠以生态学为视角阐述了和谐的师生关系、对大学体育第二课堂准确的认识是开展大学体育第二课堂教学高超的策略。2017年，李志刚、裴阳清等对湖北科技学院实施大学体育第二课堂出现的问题进行梳理，提出了健全大学体育第二课堂教学模式和解决问题的建议。2007年，王慧对开设大学体育第二课堂进行了研究，阐述了设置大学体育第二课堂的可行性和必要性，从四个层面构建大学体育

第二课堂：一是正确认识和高度重视大学体育第二课堂的重要性；二是借鉴发达国家成熟的大学体育第二课堂教学模式；三是运动队体育竞赛成为大学体育第二课堂的重要阵地；四是利用周末时间开设大学体育第二课堂是重要的保障。2015年，桑梦礼根据高等职业院校的办学特点，学生学业较短的实际情形，提出大学体育第二课堂开展的对策。2014年，刘海忠等人深入山西大学商务学院，对独立学院的体育第二课堂进行了调查研究，重点论述了该学院体育第二课堂的教学内容，并分析了其影响教学内容设置的因素，提出一系列相关建议。2006年，丁丰斌根据"全面健身"指导要求和"健康第一"的教育理，厘清了"课余训练"、"课外体育活动"和"体育第二课堂"的概念，分析了普通高校体育第二课堂的价值与功能，认为大学体育第二课堂是全民健身与学校体育的最佳结合点。2004年，赵广银发表的《浅谈体育第二课堂学分制对学生参加体育活动的积极影响》一文中发现，采用学分制对学生参加体育锻炼的热情有积极影响。

通过检索"学校体育第二课堂"发现，国内的学位论文多集中在中小学学校体育第二课堂的研究，其研究有一定深度，梳理了"学校体育第二课堂"的理论基础，辨明了相关概念，对大学体育第二课堂的研究提供了相应的佐证材料。

简而言之，研究文献基本辨析了"大学体育第二课堂"以其相关概念，丰富了学校体育学科基础理论。研究成果基本是课题内容的划分和归类、价值和功能的探析，缺少实证性研究，研究结论和建议具有深度和创意。学者们从构建大学体育第二课堂的实践角度出发，探讨了实施课堂教学的必要性和可行性，并提出具有针对性的建议。但是调查对象多集中在高等职业院校和独立学院，缺少对普通大学的相关研究。

**相关资料**

### 第二课堂成绩单

"第二课堂成绩单"制度是高校共青团培养大学生综合素质、深度融入教育改革发展、服务国家经济发展大局的一项举措。第二课堂作为第一课堂的有机补充，是学校人才培养的重要组成。中山大学推进第二课堂和第一课堂互动互补、相互促进。为使学生参与第二课堂活动情况进一步可视化，中山大学进行量化考核并设置第二课堂成绩单制度，记录学生在校"足迹"。

第二课堂成绩单制度以全方位、多角度反映学生在校的发展情况。不仅客观记录学生参与活动的经历，还将其进行总结归纳、提炼评估，参考企业人才招聘选拔能力评测量表，为学生生成专属的大学生素质扩展证书，即第二课堂成绩单。

第二课堂成绩单关注学生创新能力、实践能力、志愿公益等方面的培养，包含以下几个方面：

（1）"创新创业"。主要记载参与各级各类学术科技、创新创业竞赛和活动的经历及获得的相关荣誉，以及发表论文、出版专著、取得专利、创业实践等情况。

（2）"社会实践"。主要记载参与寒暑假社会实践活动、就业实习、岗位见习及其它实践活动的经历，参加与港澳台及国际交流访学的经历，以及获得的相关荣誉。

（3）"志愿公益"。主要记载参与支教助残、社区服务、公益环保、赛会服务、海外服务等各类志愿公益活动的经历以及获得的相关荣誉。

（4）"文化艺术"。主要记载参与文化艺术训练、展演、人文素养等各级各类校园文化活动的经历，以及获得的相关荣誉。

（5）"体育运动"。主要记载参与学校认定的体育比赛或活动，以及获得的相关荣誉。

（6）"工作履历"。主要记载在校内党团学（含学生社团）组织的工作任职履历、在校外的社会工作履历，以及获得的相关荣誉。

（7）"技能特长"。主要记载参加各级各类技能培训的经历，以及获得的相关技能认定，以及获得的相关荣誉。

（8）"思想成长"。主要记载学生入党、入团情况，学生参加党校、青年马克思主义者培养工程、团校培训经历，学生参加思想引领类活动经历，及获得的相关荣誉。

第二课堂成绩单制度坚持以学生需求为中心、社会需求为导向，助力学生全面成才，提高学生融入社会的能力，培育社会所需精英，实现思想育人和实践育人

# 第三节 大学体育第二课堂的开展现状

据调查显示，广东省普通高校约有91.7%的大学生不同程度地参加大学体育第二课堂，在设计调查问卷时，将"是否为了提高体质健康测试成绩主动参加课外体育锻炼？"代替"是否参与国家学生体质健康测试？"。之所以这么设计，是因为国家学生体质健康测试对学生来说是强制性参加的大学体育第二课堂的活动，学生参测率几乎达到100%，这会使研究没有意义。通过实地调查和电话访谈广东省8所普通高等院校体育部门负责人发现有两所普通本科高校和一所高职院校将"国家学生体质健康的测试成绩"纳入大学体育第一课堂的管理中，其他5所普通高校中有4所普通高校计划将国家学生体质健康测试提升为学校主抓的学校工作。虽然本研究针对大学体育第二课堂开展现状的调查对象为广东省普通高等院校，但是通过整理数据与国内其他省市份的高校体育部主管领导或者体育教师进行访谈时发现，大学体育第二课堂的内容基本一致，在管理方式方法上有所不同，其目的都是为了提高学生参与率，提高学生身体健康水平，取得学生竞赛优异成绩，构建丰富的校园体育文化。

## 一、开展大学生体育第二课堂的主要内容

### （一）运动队竞赛训练

1. 体育俱乐部

俱乐部来源于英文单词"Club"，其最早的含义是一群兴趣相同，目标一致的人在特定时间、特点地点进行文化活动的组织。体育俱乐部就是指一群具有相同体育运动兴趣爱好的人所组成的团体。目前，在高校中体育俱乐部也成为体育协会，其内容和本质是一样的。调研结果显示：广东省大部分普通高校为了丰富大学生的业余文化生活，培养大学生的兴趣爱好，提升其体质健康水平，根据学校的体育教学实际情况和地方特色，基本能够构建起大学体育第二课堂的体育俱乐部教学模式。这种教学模式基本分为两种情况：一是俱乐部教学模式。学生出于自发的，有组织地进行俱乐部教学。二是课内外一体化的体育俱乐部教学。这种模式的主要优点是学生参与第二课堂体育俱乐部时获得的体育成绩能够在大学

体育第一课堂中得到认证，从一定程度上激发大学生参加体育俱乐部的积极性，大学生参与体育俱乐部活动的出勤率会相对较高，有利于学生阳光体育活动的开展，活跃校园体育氛围。事物都具有正反两面性。虽然课内外一体化的第二课堂体育俱乐部教学模式有诸多优点，但是也存在一些弊端。例如，体育俱乐部的成绩评定体系不够完善，是用参与体育俱乐部时间长短来衡量还是用参与体育俱乐部活动次数来计算？是用体育俱乐部获得的成绩来计算还是用在体育俱乐部担任的职务和贡献大小来换算？如果成绩评定不合理会人为造成体育成绩的不平等，失去体育育人的价值，会打击同学参与大学体育第二课堂的积极性，其效果适得其反。

（1）俱乐部的管理模式

从组织管理角度来看，普通高校开展大学体育第二课堂教学，实施体育俱乐部教学模式改革，必须建立和完善大学体育第二课堂体育俱乐部教学管理体制，构建责任明确的组织架构。管理层将发挥管理组织功能，对体育俱乐部教学中的教练员和学生实行动态管理，保证俱乐部教学活动顺利进行。通过调查发现，目前普通高校俱乐部的管理有两种体制：第Ⅰ类是体育俱乐部在学校团委注册，并受其管理，体育管理部分协助相关事务；第Ⅱ类是体育俱乐部在学校体育部门注册，并接受其管理。第Ⅰ类的管理体制具有明显的优点，首先学校团委的工作目标是引导学生努力做到"身体好"、"学习好"和"工作好"。其中"身体好"最有效的实现路径就是鼓励学生参加体育活动。其次学校团委能够直接面向大学生，团结大学生，沟通方式直接、简单，宣传和教育效果有效。最后学校团委能保证有足够的教师负责体育俱乐部的正常运作。第Ⅰ类管理体制也存在先天性不足，团委的师资力量无法满足学生学习体育技能的需求，开展的体育活动内容缺乏吸引力，组织和管理体育赛事不够专业，则需要从体育部门聘用体育教师指导俱乐部活动，解决体制管理的弊端。第Ⅱ类管理体制的管理层懂得体育俱乐部的运作规律，熟悉学生的体育兴趣和爱好，擅长体育教学改革，因此大部分普通高校采用第Ⅱ类管理体制。

从规章制度来看，大学体育第二课堂俱乐部教学要想长远发展，需要从建章立制开始。在调研中发现，普通高校基本上以提高学生身体健康，活跃校园体育文化为目标开展体育俱乐部教学，未能明确提出体育俱乐部的指导思想。由于指导思想的缺少，从而造成体育俱乐部教学活动理论体系不健全，学生对体育俱乐部教学不够重视，宣传力和感召力不足，不能有效推动大学体育第二课堂教学活动发展。在教学大纲方面，大学体育第一课堂教学必须按照国家教育部的文件要求制定教学大纲，规定教学内容和教学时数，建立合理的考核评价体系，而普通高等院校实施大学体育第二课堂教学不同于大学体育第一课堂教学，体育俱乐部教学具有明显的选择自由、内容丰富、组织机动的特征，因而较难制定统一的教学大纲。在对体育教师的访谈中发现：建立必要的教学计划还是有必要的，教学计划可以是学期时间段、年度时间段或者周期性。教学内容可以动态变化，从而满足学生的体育需求，这样才能够促进体育俱乐部教学健康、持续发展，亦符合学校对体育事业发展的要求。

从保障条件来看，体育场馆和运动器材等设施是开展大学体育第二课堂俱乐部教学的基本保证，也能体现该校的办学条件。教育部颁发的学校体育工作条例中明确要求普通高校应该根据学生数量配备相应的体育场馆及设施。在调查的114所普通高等院校中，100%的学校都建立了田径场，有103所高校有综合性体育馆。体育场馆设施被正常的体育教学活动和学校教工活动所占用，开展俱乐部教学需要向主管部门申请使用场地，使用时间基本被安排在周末或者晚上，这样的时间安排也有利于俱乐部成员在共同的时间参与俱乐部的活动，利用课余时间开展相关活动也是大学体育第二课堂的基本特点。经费是除了体育场馆设施外制约体育俱乐部教学发展的重要因素。高校教育经费主要由国家财政拨款、社会个人和机构的捐赠构成。从某种程度上来说，教育经费的多与少体现着学校的办学水平高与低，也说明了政府对学校的重视程度。学校将多少教育经费用于学校体育，就决定着体育俱乐部发展的好坏。体育俱乐部的费用开支主要用于场地设施的维护费用、体育教师的指导报酬、体育竞赛经费和体育器材的消耗等，这笔费用对开展体育俱乐部教学活动较普通的高校来说是一笔数目不小的开支。广东省处于改革开放前沿，经济水平处于全国前列，地方政府对教育的支持力度较大，因此广东省普通高等院校办学经费相对充足。由于高校主管领导对体育工作重视程度不一样，就造成了高校之间体育经费存在较大差距。在有限的体育经费支持下，个别高校允许个人或社会组织参与到体育俱乐部的建设中，这无疑推动了学校体育事业的发展。

从学生运动技术水平来看，大学体育俱乐部会员均为参加高考入校的大学生。众所周知，在应试教育的背景下，中学阶段的学生学习压力较大，学习占据了初、高中生的大部分时间，学生很少有机会参与体育锻炼，导致学生的身体素质和运动技能水平较差。长此以往，学生对体育运动的热情被消磨殆尽，未能培养出终身体育的意识。掌握一项运动技能需要长期不断练习，需要付出时间和精力，忍受一定强度的训练时，多数大学生会减少练习时间，甚至是退出俱乐部，人员流动性较大也是俱乐部亟需解决的问题。

（2）构建大学第二课堂体育俱乐部教学模式目的

表3　构建大学第二课堂体育俱乐部教学模式目的统计表（N=54）

| 目的 | 频次 | 百分比（%） |
| --- | --- | --- |
| 提高学生体质健康水平 | 52 | 96.29 |
| 培养学生体育兴趣爱好 | 51 | 94.44 |
| 满足学生体育需求 | 51 | 94.44 |
| 丰富校园体育文化 | 47 | 87.03 |
| 体育教学改革趋势 | 39 | 72.22 |
| 教会学生体育基本技术 | 35 | 64.81 |
| 落实国家教育方针政策 | 26 | 48.14 |
| 其它 | 7 | 12.96 |

普通高校开展大学体育第二课堂体育俱乐部教学模式的目的是保证目标达成的关键，是指导和控制教学活动向正确方向发展的重要前提。在对广东省54位体育教师和体育部门主要领导的问卷调查中发现，提高学生体质健康水平成为调查对象的共识，百分比为96.29%；认为展开体育俱乐部教学能够培养学生体育兴趣爱好的占比为94.44%；满足学生体育爱好同样占总体比例的94.44%，以上三个目的均达到90%以上，成为开展俱乐部教学模式的基本目的。通过表3可以看出，选择"丰富校园体育文化"这一选项的占比87.03%，排在第四位。排在五顺位的是：体育教学改革趋势，这也反应了大学体育在不断改革的背景下，课外体育成为重要的关注领域。接下来"教会学生体育基本技术"和"落实国家教育方针政策"分别占到64.81%和48.14%。选择"其它"作为开设大学体育第二课堂体育俱乐部教学模式目的的占12.96%。综上所述，提高学生体育身体健康水平，满足学生兴趣爱好，促进校园体育文化建设成为开设大学体育第二课堂俱乐部教

学的最直接的目的。落实国家教育方针政策，推动大学体育教学改革成为开展大学体育俱乐部教学的深层次原因。

（3）大学体育第二课堂体育俱乐部教学的内容统计表

大学体育俱乐部教学内容具有较大的自主性，学生可以根据学校的实际情况和兴趣爱好，自发组织活动形式，选择合适的教学内容。学校在课堂教学训练和竞赛组织方面基本上起到指导的作用。调查发现，教学内容的设置与办学规模、学校性质有直接关系。根据体育项目的运动特点和项群理论，研究者将体育俱乐部教学内容分为：球类、体能类、对抗类、形体类和休闲类等五种类别，其体育项目多达30余个。因为业界人士均习惯将篮球、排球和足球称为"三大球"，将乒乓球、羽毛球和网球称为"三小球"，因此，本研究的球类项目只涵盖"三大球"和"三小球"六类体育项目，其中毽球、水球、手球、柔力球和门球因为其运动特性不同被归属到不同的内容类别。体能类内容包括田径、跳绳、游泳、定向运动、自行车、无线电测向、健身、水球等八种不同体育项目。对抗类以跆拳道、武术、散打和击剑等格斗类体育项目为主。毽球和手球两项体育运动从项群理论角度来看应当隶属于隔网对抗类，因此被归属到对抗类。形体类包含健美操、体育舞蹈、啦啦操、瑜伽、街舞、柔力球等六个体育项目。休闲类涵盖了国际象棋、围棋、桥牌、钓鱼、攀岩、高尔夫球、轮滑、门球、飞镖和飞盘等十种体育项目。部分学校又单独开设了南拳、太极拳、健身气功等武术项目，部分具有民族特色的学校开设了陀螺，押加，木球，高脚，蹴球等民族体育项目。内容丰富的体育项目根本上满足了大学生的健身需求，提高了学生参与运动的积极性，扩大了参与体育锻炼的人口数量。

表4　大学体育第二课堂体育俱乐部教学的内容统计表

| 内容类别 | 体育项目 |
| --- | --- |
| 球类 | 篮球、排球、足球、乒乓球、羽毛球、网球 |
| 体能类 | 田径、跳绳、游泳、定向运动、自行车、无线电测向、健身、水球 |
| 对抗类 | 跆拳道、武术、散打、击剑、毽球、手球 |
| 形体类 | 健美操、体育舞蹈、啦啦操、瑜伽、街舞、柔力球 |
| 休闲类 | 棋牌类、钓鱼、攀岩、高尔夫球、轮滑、门球、飞镖、飞盘 |

2. 普通队运动队

普通运动队是由按照教育部、生源所在地有关招生、录取规定，经考生所在地普通高等学校招生委员会审核录取的大学生所组成的学校运动队。普通运动队的队员具有双重身份。其身份首先是一名在校大学生，拥有和其他大学生一样的权力和义务，其次是一名现役运动员，肩负为校争取荣誉的责任。普通学生运动员要想取得优异成绩，就必须长期参与运动队训练。学校运动队的竞赛和训练是一个有机结合的过程，两者构成了大学体育第二课堂的主要活动。

（1）普通运动队的管理模式

从组织管理角度来看，普通高校开展大学体育第二课堂运动队竞赛训练，必须遵循运动队发展规律，构建既符合运动队建设需要，又顺应学校教育事业发展潮流的管理体制。为了更好促进普通运动队建设，学校管理层和体育部门领导不但要熟悉大学内部发展，还应该了解大学外部体育发展现状。

普通队运动队的组织管理主要由招募新成员、训练竞赛和日常管理三个重要工作环节组成。调查发现，运动队招新基本通过"线上"和"线下"两种渠道。"线上"招新通过微信公众号、校园媒体发布招新信息。"线下"招新采用张贴宣传海报的形式尽量将信息传递给校内的全体学生。学生会根据自己的特长和爱好报名参加运动队试训，通过试训者会正式成为校队队员。通过调查发现，由于报名参加普通队人数过多，大部分学校将运动技能不是十分突出的学生下放到体育俱乐部中锻炼，部分学校通过建立普通队梯队的方式扩大校队人数，有分校的高校也在不同校区建立校区的校队。竞赛和训练是运动队的核心工作。学校主管体育部门会为运动队配置教练员，教练员全面负责队伍的竞赛和训练工作，并带领队伍学校参加校际竞赛、省内外举办的各类比赛。相比专业队人员配置，学校普通运动队的人员配置相对较少，基本由教练员和运动队的成员全面负责队伍的日常运作。当运动队参加比赛时，通常要求队伍配备领队，运动经费允许的情况下队伍还会自行配备随队医生。

规章制度是保障运动员和教练员合法权益的法律基础。从规章制度颁布的单位来看，基本都是体育主管部门制定的运动队管理办法，学校层面发布的规章制度几乎没有。从规章制度的内容分析，教练员的聘用和考核，运动员和教练员奖励标准都非常明确，执行情况较好。

从保障措施来看，运动场馆设施是开展运动队训练竞赛的必需条件，教练员是制约运动队成绩的关键因素，学生学分管理则是影响学生参与运动队训练的重要因素。部分场馆设施充足的学校能为运动队训练提供场地，但是距离标准的竞赛场地条件有一定差距。基于对成绩的要求，运动队训练应当按照竞赛的要求，在符合竞赛要求的场地，使用符合规程要求运动器材开展训练。这对大部分学校来讲存在较大难度。因为各个学校的场馆建立之初满足体育教学是首要考虑因素，至于是否符合承办大型赛事的要求不是建设体育场馆的初衷。通过对体育部门主管领导的访谈得知，体育部门主管领导基本参与体育场馆设计和建设过程，但是能够合理利用场馆设施的意见总被各种借口否决。例如，在网球和排球场地旁边修建一堵墙，对运动队员训练至关重要。网球运动员可以面对墙面重复练习挥拍击球，甚至可以练习发球。排球运动员可以面对墙进行传球、垫球、扣球和发球的所有排球基本技术的训练。诚然南方的天气适合户外运动，学校基本拥有数量众多的室外篮球、排球、足球、网球场等，但是广东的梅雨季节雨水频繁，篮球、网球和排球室外训练会因为雨水天气被迫中断，尤其对需要系统训练、整体磨合的"足篮排"三大球影响最大。教练员是建设普通运动队中的核心因素。教练员的知识结构、运动技能和领导能力是普通运动队取得优异成绩的基本保证。教练员的学习能力和运动经历直接决定着训练水平和指挥比赛的能力。作为大学第二课堂普通运动队的教练员只具备上述因素还远远不够，教练员还在运动员招募，带队外出比赛，队员的思想教育，运动队作风建设方面发挥主导作用。教练员根据队伍的需求，招募到合适的人选，这就要求教练员具备科学选材的体育知识。运动队外出比赛，需要统筹安排出行方案，合理分工运动队管理任务，这就要求教练员具备组织管理的能力。运动队的思想道德教育，运动队队伍作风建设，这就要求教练员具备优良的思想道德修养。因此，从运动队的训练、竞赛和管理来看，教练员主导着队伍的发展方向，发挥着"体育"育人价值。从对运动员的访谈中得知，运动员的学分管理基本分为两种形式：一是通过运动队训练竞赛可以获得相应的学分。二是通过竞赛获得成绩后，在相应课程上直接加分。这两种形式均能激发学生参与运动队竞赛训练的热情，但是这个学分管理的方式未能够在大部分普通高校中推广。

从竞赛机制来看，运动队训练的直接目的是参加竞赛获得优异成绩，为学校争取荣誉。根据广东省教育厅的年度竞赛安排，普通运动队可以参加广东省内的大学生联赛和锦标赛，个别竞争激烈的运动项目只有获得广东省大学生体育竞赛名次靠前的队伍才有资格代表广东省参加全国大学生联赛和锦标赛。一年内普通运动队参加两个比赛，对兼顾学习和训练竞赛的普通学生运动员来说已经实属不易，对体育经费紧张的高校来说，普通高校根本无法负担的起每支运动队每年参加两个比赛的费用。因此，不论是学校运动队的主观诉求，还是学校运动队的客观原因，学校运动队很少或放弃参加由体育局和单项运动协会主办的体育竞赛。

（2）建设大学第二课堂普通运动队的目的统计表

表5　建设大学第二课堂普通运动队的目的统计表（N=54）

| 目的 | 频次 | 百分比（%） |
|---|---|---|
| 参与体育竞赛活动优异竞赛成绩 | 51 | 94.44 |
| 提高学生的身体素质 | 50 | 92.59 |
| 促进校园体育文化形成 | 47 | 87.03 |
| 培养和提高学生的运动技能 | 46 | 85.19 |
| 普及推广体育运动项目 | 41 | 75.93 |
| 提高学校的知名度 | 40 | 74.07 |
| 执行国家教育方针政策 | 35 | 64.81 |
| 其它 | 8 | 14.81 |

问卷调查显示：认为通过参与体育竞赛活动获得优异竞赛成绩是建设大学体育第二课堂普通运动队的目的成为首要选择，占比为94.44%。排在第二位的是提高学生身体素质，占比为92.59%。排名在第三位的是促进校园体育文化形成，其占总体比例的87.03%。培养和提高学生的运动技能占比为85.19%，成为选择构建普通运动队的第四个目的。以上排名前四的目的也有共通性和层次性。共通性体现在：能够参与普通队训练的学生均为普通大学生，大学生对提高专项运动技能有强烈的需求，在技能学习过程中可以参与大强度的训练，从而提高了身体素质。从学校的角度考虑，学校普通运动队在体育竞赛中获得优异成绩必能起到宣传作用，提升学校的知名度。因此，上述四个目的具有共通性。层次性体

现在：普通运动队不论是在校内的竞赛和训练，还是在校外竞赛获得成绩都能够让在校大学生亲身感受到大学体育精神，形成校园特有的体育印记，极大地推动了校园内体育文化的建设。因此，从学习基本技能到身体素质提供再到获得优异成绩，进而构建起学校体育文化具有层层递进的关系。"普及推广体育运动项目"、"提高学校的知名度"、"执行国家教育方针政策"和"其它"分别排在第五-七位。普通高校中仍然有开展较少或者未开展的体育项目，例如跳绳和飞盘等，体育项目的设置基本上出于普及和推广该项目的目的。建设普通队需要一定经费支持运动队外出比赛，一些办学经费有限的学校建立大学第二课堂普通运动队的目的主要为了执行国家教育方针政策。有8人次将"其它"作为建设大学第二课堂普通运动队的目的，其原因后来研究者可做进一步探索。

3. 高水平运动队

所谓"高水平运动队"是指具备条件的普通高等学校按照国家有关规定，通过招收具有较高运动水平的运动员学生，在文化学习之余组织开展专业运动训练、进一步提高运动项目竞技水平而组建的学生运动员代表队。我国组建高水平运动队始于1987年，原国家教委在发布的《关于普通高校试行招收高水平运动员工作的通知》中，首次确定了第一批51所招收高水平运动队的试点学校。到2020年，具备招收高水平运动员的普通高校发展到280所。通过三十多年的实践证明，普通高校试办高水平运动队是一条切实可行的道路，运动员在全国乃至世界比赛中屡获佳绩，展现了大学生的顽强拼搏的精神风貌。高水平运动队在校园内开展竞赛训练活动能够引领学校体育事业发展，营造出健康的、具有活力的校园体育文化。在对广东省11所举办高水平运动队的学校调查发现，11所学校共开设田径、游泳、排球、击剑、足球、篮球、乒乓球、羽毛球、网球、武术、定向越野、跆拳道等12个体育运动项目。在"校园足球"开展如火如荼的背景下，举办足球项目的高校有7所，是普通高校举办最多的运动项目；田径和游泳是群众性基础较好的运动项目，也是综合运动会中金牌设项最多的运动项目，分别有6所和5所普通高等学校招收高水平运动员。虽然排球、定向越野、跆拳道是开设最少的运动项目，但是中山大学的排球队伍、深圳大学的定向越野队伍和华南农业大学的跆拳道队伍在国内大学生运动会和单项比赛中均获得了优异的成绩。受相关政策的限制，只有中山大学、华南理工大学、暨南大学、华南师范大学等四所普通高校招满5个运动项目，汕头大学只招收篮球项目。

**表6　2020年广东省举办高水平运动队的学校及运动项目名单**

| 序号 | 高等学校 | 运动项目 |
|---|---|---|
| 1 | 中山大学 | 田径、游泳、排球、击剑、足球 |
| 2 | 华南理工大学 | 田径、游泳、篮球、足球、乒乓球 |
| 3 | 暨南大学 | 田径、游泳、羽毛球、网球、武术 |
| 4 | 深圳大学 | 乒乓球、定向越野、足球 |
| 5 | 广东工业大学 | 足球、篮球、网球、乒乓球 |
| 6 | 华南农业大学 | 足球、羽毛球、跆拳道 |
| 7 | 华南师范大学 | 田径、游泳、羽毛球、乒乓球、武术 |
| 8 | 广州大学 | 篮球、足球 |
| 9 | 韩山师范学院 | 田径、足球 |
| 10 | 广东财经大学 | 田径、游泳 |
| 11 | 汕头大学 | 篮球 |

（1）高水平运动队的管理模式

从组织管理来看，高水平运动队处于教育系统内竞技水平最高的层次，其组织领导架构十分健全。高水平运动队的组织架构涉及到学校各个职能部门，在高水平运动员的招生时，需要学校招生办公室、体育主管部门、学校纪律监察委员会和后勤、保卫处等部门共同完成。在高水平运动员培养过程中，则需要教务处、高水平运动员所在院系、学工部、体育部门等相互协调共同制定培养方案，保证运动员的学习和训练。因此，高水平运动队组织管理架构基本是在学校体育运动委员会的领导下，由学校相关职能部门组成。就目前高校高水平运动队管理模式，招生水平就意味着竞赛成绩，高校在高水平运动员招生时会采用一切办法吸引优秀考生，通常的做法是在考生报名前的一个学期或者更长的时间内前往优质生源地或者是赛事举办地开展招生宣传工作。为了让考生了解意愿报考的高校，高校有机会了解准备报考的考生情况，部分高校通过举办冬令营或夏令营的方式让考生和学校互相了解，这样做能够提高高水平运动员录取成功率，高校也能招收到符合建队需要的运动员。高校的综合排名和地理位置、考生所读专业也是影响考生是否报考的重要因素，那么在招生环节，高校则深度挖掘和宣传学校优势，确保在抢夺优质生源时不落下风。

从学习与训练管理分析，高水平运动员的学习和训练管理是重中之重。如何处理学习与训练之间矛盾是高校体育管理所面临的难题。通过对广东省举办高水平运动队的11所学校调查发现（见表7），中山大学等八所高校将高水平运动队单独编班，学习同一个专业。暨南大学、广东工业大学和华南农业大学三所高校的高水平运动员则可以选择三个以上的专业学习。像中山大学等八所高校采用高水平运动员单独编班的管理模式有利于学校统一管理，但是从某种程度上来说，阻碍了高水平运动队员与普通学生的交流，从而影响到高水平运动员更好的融于学校的生活和学习，无法发挥高水平运动员在校园体育文件建设中的引领作用。暨南大学为高水平运动员开设了14个专业，充分体现了对运动员的尊重和关怀。运动员学习不同专业，不但丰富个人知识结构，而且可以拓宽就业范围。华南农业大学有法学、历史学和旅游管理等六个专业供学生选择，广东工业大学的高水平运动员有机会选择工商管理、国际经济与贸易、经济学等三个专业。访谈中得知，为高水平运动员提供较大专业选择，的确可以提高高校在招生时的竞争力，吸引更多的考生报考。这种自然分班的管理模式首先将学生运动员的身份定位于一名大学生，鼓励这部分运动员与普通学生一起学习和生活，共同沉浸在校园文化中，相互交流。高水平运动员学生获得了普通高校的继续深造的机会，畅游在知识的海洋中，不断提高文化知识水平；普通大学生通过与高水平运动员的接触，对运动项目和运动员学生有了感性认识，对体育运动项目有了直观的感受，能够为普通大学生终身体育观念的培养起到推动作用。然而，由于高水平运动员在青少年长期参加运动训练，忽略了文化学习，其文化基础知识比较薄弱，当高水平运动员选择了学习难度较大的专业时，通常无法按时毕业，进一步增加"学训"矛盾，给高校高水平运动员的培养带来不良影响，势必增加培养高水平运动员的难度。

**表7　广东省举办高水平运动队的学校及运动员就读专业**

| 序号 | 高等学校 | 就读专业 |
| --- | --- | --- |
| 1 | 中山大学 | 公共事业管理 |
| 2 | 华南理工大学 | 工商管理专业 |
| 3 | 暨南大学 | 法学、知识产权、行政管理、工商管理、公共事业管理、财政学、金融学、广告学、广播电视学、新闻学、汉语言文学、商务英语、体育教育、国际经济与贸易等14个专业。 |
| 4 | 深圳大学 | 工商管理专业 |
| 5 | 广东工业大学 | 工商管理、国际经济与贸易、经济学 |
| 6 | 华南农业大学 | 公共管理类（含公共事业管理、行政管理、劳动与社会保障专业）、社会工作、法学、汉语言文学、历史学、旅游管理 |
| 7 | 华南师范大学 | 体育教育（师范）专业 |
| 8 | 广州大学 | 行政管理 |
| 9 | 韩山师范学院 | 法学 |
| 10 | 广东财经大学 | 统筹调整就读专业 |
| 11 | 汕头大学 | 行政管理 |

　　从保障条件来看，高校高水平运动队的建设是一项系统工程。由于高水平运动员集学生和运动员两种身份于一体的特殊性，它的招生、培养、竞赛涉及学校各职能部门，因此在社会上引起了较大的关注。调研发现：普通高校的校领导十分热爱体育运动，高度重视高水平运动队的建设。十一所院校全部设立高水平运动队管理领导小组，主管体育的校长和书记担任组长。通过查阅各个学校的会议记录，可以看出：高水平运动队领导小组每年都会定期召开工作会议，专门研究高水平运动队的整体布局、局部调整、发展规模、招生制度、工作目标等问题，这些问题均经过学校组织的专门会议讨论并予以解决，这对本校高水平运动队办队水平提高起到了积极的推动作用。

　　场馆设施和训练器材是基础的保障条件，其优良程度是根本性的保障条件。训练竞赛的投入情况则是高水平运动队是否长远、可持续发展的决定因素。通过实地考察，各学校的训练场地设施和训练辅助设施完善，能保证高水平运动队正常训练。但是由于中山大学、华南理工大学、暨南大学、广东工业大学、广东财经大学至少有2个或2个以上的校区，其训练场馆和运动员会经常不在同一个校区，运动员需要往返校区之间进行训练，训练成本会相应增加，教练员要面临多校区管理的难题。大部分高校都设立高水平运动队专项经费，均能做到专款专用，其中华南农业大学和华南师范大学未设立专项经费，但是其高水平运动队经费是在该校下拨给体育部门的经费中根据需要支出。众所周知，高校高水平运动队建设也是国家培养竞技体育后背人才的渠道。随着竞技体育朝着科学化和商业化的方向发展，高校高水平运动队的竞赛训练过程需要大量科技因素支撑，需要大量科研人员提供技术支撑，必然要有强大的经费支持。广东省普通部分高校对高水平运动队的经费投入是十年前的5倍之多。2011年，广东工业大学拥有教育部获得批准的建设项目为篮球、足球和乒乓球三个项目，每年投入经费145万元，是当时对高水平运动队建设经费投入最多的普通高校。广东财经大学和韩山师范学院分别对高水平运动队投入20万、10万元，是十年前对高水平运动队建设投入经费较少的院校。截至2021年，在创建"双一流"高校的背景下，得益于办学经费的增长和学校领导的支持，中山大学是对高水平运动队投入经费最多的高校之一，仍然有部分高校不能确保每个运动员都能达到每年不低于3万元的国家标准。

从教练员管理方面，目前我省高校的人事管理制度中未设立高水平教练员岗位，所以高水平运动队的教练员多数为兼职教练。部分高校从校外聘请国内优秀教练员作为高水平运动队的教练员，或者以客座教授的方式聘请指导高水平运动队训练。同时十一所高校教练员队伍的知识结构、年龄结构、学历和职称结构比较合理。调研发现：各高校都十分重视本科教学工作。高水平运动队的教练员要承担繁重的本科教学工作任务，其教学工作量和教学效果直接与教练员的业绩挂钩。另外，教练员还要面临高校职称评审的压力，他们必须付出大量时间和精力进行科研工作，撰写论文和申请科研项目。普通高校要打造一支高水平的运动队，培养一批优秀的高水平运动员，使高校高水平运动员真正做到"在校、在读和在训"，需要一个漫长而曲折的过程，需要教练员在教学、训练和科研找到平衡点。经过近四十年的发展，我省高校办高水平运动队取得举世瞩目的优异成绩，为国家培养一批优秀运动员。这背后离不开教练员的无私奉献和辛勤耕耘。随着高校体育教学的不断改革，高校对高水平运动队的建设明显落后于教学、科研和群体工作。主要表现在未能建立一套完善的高水平运动队教练员激励机制。据调查显示：大多数高校高水平运动队教练员的训练都未计算工作量，其训练费或者年终绩效的形式发放。相比他们的教学工作量的课酬，部分学校教练员每次的训练补贴低于每次课的课时补贴。客观来讲，每次训练课的工作量远远超过教学工作量，同时教练员还要负责运动员的日常生活和学习，显然付出远远大于汇报，这极大挫伤了教练员的工作积极性，对长期从事竞赛训练的教练员是极大的不公平。

（2）建设大学体育第二课堂高水平运动队的目的统计表

普通高校的主管领导和教练员对建设大学体育第二课堂高水平运动队的目的认知对开展高水平运动队建设具有导向作用。根据文件调查显示，有52人将高水平运动队代表学校，"代表广东省甚至代表中国参加体育竞赛获得成绩"作为第一选择，占总体百分比是96.29%；"完成大学生体育竞赛任务"、"执行国家教育方针政策"、"引领大学体育第二课堂的构建"、"提高学校的知名度"分别排在第二至第五位，占比均在80%以上；"为国家培养竞技体育人才"、"培养和提高学生的运动技能"两个目的排在第六位和第七位。2017年教育部发布的《教育部关于进一步加强普通高校高水平运动队建设的实施意见》明确提出，引领学校体育课余训练和竞赛发展，为国家培养全面发展的高水平体育人才，完成世界大学生运动会及国际、国内重大体育比赛任务是高校举办高水平运动队建设的重要目的。对比调查结果可以发现，普通高校对"完成大学生体育竞赛任务"有共同的认识，高水平运动队能够代表学校或者国家参加国际大赛也是体育部门主管和教练员相同的期盼。

表8 建设大学体育第二课堂高水平运动队的目的统计表（N=54）

| 目的 | 频次 | 百分比（%） |
| --- | --- | --- |
| 代表学校、省市乃至国家参加竞赛获得成绩 | 52 | 96.29 |
| 完成大学生体育竞赛任务 | 47 | 87.03 |
| 执行国家教育方针政策 | 46 | 85.19 |
| 引领大学体育第二课堂的构建 | 46 | 85.19 |
| 提高学校的知名度 | 44 | 81.48 |
| 为国家培养竞技体育人才 | 37 | 75.93 |
| 培养和提高学生的运动技能 | 32 | 59.26 |
| 其它 | 10 | 18.51 |

### （二）国家学生体质健康测试

近几年，国家高度重视青少年学生体质健康状况，中国共产党中央委员会办公厅和国务院办公厅相继出台了多项通知文件，其目的是推动青少年体育锻炼，提高学生综合素质，培养合格的德智体美劳全面发展的社会主义建设者和接班人。党和政府对青少年身体健康的关注，也对学校体育工作提出了更高的要求。高校学校体育工作更应在"体育课程课内外一体化"的改革背景下，进一步将《国家学生体质健康测试》有机融合到大学体育第二课堂的组成部分之中。

普通高校实施体质健康测试不仅能够正确指导学生参与体育锻炼，而且测试标准成为了辅助于体质健康测试的工具。科学、规范、量化的测试标准和有序、有力、有效的体质健康测试对学生进行体育锻炼具有重要的指引作用，可以推动大学体育课程改革，有利于校园体育文化的构建。

（1）大学生体质健康测试的管理模式

从领导和学生组织领导架构来看，成立《国家学生体质健康测试标准》测试领导小组有利于测试活动的顺利进行。组织领导包括学校各级、各部门的主要负责人。领导（不仅是指校级领导还是学校体育部门主管领导）的重视程度直接决定着体质健康测试工作的质量。领导重视程度体现在是否建立相关规章制度，是否在经费方面给予大力支持，体质健康测试的仪器是否经常维护或更新，在评优、晋升和绩效方面是否将体质健康测试工作作为一个衡量指标，学校各教学单位是否支持学生体质健康测试工作。在调查中发现，多数高校均成立学生体质健康测试领导小组。在测试实施前的部署和测试过程中，领导小组能够充分调动校内外资源，全力支持开展体质健康测试工作。以惠州学院为例，2017年3月惠州学院成立了学生体质健康测试中心，该中心组织机构的顾问和主任由学院的副书记和副校长兼任，副主任由学生处、教务处和体育学院领导担任，成员由后勤处负责人、保卫处负责人和学校各个二级学院主管教学副院长担任。随着学院的发展和人事变动，其中心组织机构成员也会相应变化，这能更有效推动《健康标准》的顺利实施。

国家学生体质健康测试本质上是学校主抓的体育工作。在实际的操作过程中，体育部门是首要执行者，其测试实施过程中将会涉及学校不同层级的众多部门。例如，测试时间安排需要和教育处、学生处协调，确定集中测试还是在不同时间段测试。同时，为了提高参加测试学生数量，各个学校的二级学院学工部门或者负责学生工作的负责人宣传体质健康测试的重要意义，并将测试工作安排落实到每位同学。测试结束后，体育主管部门会协同财务部门负责相关经费的报账工作。学校医院或者外聘医院医生值班，全程跟踪并负责测试期间可能出现的突发疾病救治工作。后勤和保卫部门将负责测试场地的安全和基本物资保障，学生体质健康测试所涉及的学校各个部门都应该在"领导小组"或者"测试中心"的统一领导下，相互协调，密切配合，方可在短时间内完成工作量巨大的体质健康测试工作。

从制度保障和配套政策来看，两者相辅相成，缺一不可。教育部发布的《健康标准》中规定：学生体质健康测试结果直接与学生毕业挂钩。该项规定具有明显的强制性，对学生具有强大的震慑力，可以为学校制定相关配套政策提供政策依据。据调查资料显示，广东省高校基本将学生体质健康测试纳入大学体育第二课堂之中，将体质健康测试的分数与大学第一课堂体育必修课成绩有机结合，提高学生参与测试活动的积极性。部分学校则真正将学生体质健康测试分数与学生评优等考核紧密联系在一起，使学生重视《健康标准》实施，并养成锻炼的习惯，主动参与到体育健康测试第二课堂中来。

从人员配置分析，学生体质健康测试不但耗时长，而且需要大量的体育教师、工作人员和学生助理完成测试工作。该项工作涉及到国家、教育主管部门、各测试高校、体育教师和大学生群体之间的利益。基于国家安全战略和民族复兴的战略高度而考虑，大学生的身体健康状况就能够代表了全民的健康水平，那么身体不够健康的国民，国家的人力资源就缺乏竞争力，相应地会增加国家医疗成本，进而影响国家兴旺发达。教育行政部门主管在制定方针、政策时，在实施《健康标准》时，有责任、有义务从国家战略角度出发，推动学校体育事业发展，提升国家人力资源水平。各个高校的校长有义务、有责任严格执行国家的相关政策。体育教师、工作人员和学生助理是工作在一线的执行者，有义务确保测试流程顺畅，安排得当，保证测试数据的真实性。参与大学体育第二课堂国家学生体质健康测试的大学生有权力、有义务、有责任遵守国家学生体质健康测试要求，不仅关注个人的身体体质状况，更关乎国家发展的大计。资料显示，广东省教育厅严格按照国家学生体质健康标准推动高校开展健康测试工作，并出台相关政策法规保障测试工作顺利进行。各个学校高度重视学生体质健康测试工作，保证数据按时上传，学生参测率不断提高。一线的测试的教师大部分是自愿报名参加，学生助理经过培训后能够胜任测试工作，因此一线工作人员有动力、有能力确保测试工作正常进行。

（2）建设大学体育第二课堂学生体质健康测试的目的统计表

**表8　建设大学体育第二课堂学生体质健康测试的目的统计表（N=54）**

| 目的 | 频次 | 百分比（%） |
| --- | --- | --- |
| 监测学生体质健康状况 | 53 | 98.14 |
| 落实国家学生体质健康测试标准 | 53 | 98.14 |
| 指导学生正确参与体育锻炼 | 51 | 94.44 |
| 推动大学体育第二课堂构建 | 48 | 88.89 |
| 提高学生身体素质 | 46 | 85.19 |
| 激励学生参与体育锻炼的热情 | 45 | 83.33 |
| 构建校园体育文化 | 43 | 79.62 |
| 其它 | 2 | 3.7 |

调查中发现，学校体育部门主管和体育教师对建设大学体育第二课堂学生体质健康测试的目的基本能够形成统一的认识。以"监测学生体质健康状况"、"落实国家学生体质健康测试标准"和"指导学生正确参与体育锻炼"为目的的均超过51人次选择，占比分别是98.14%、98.14%和94.44%，均超过94%，三个目的选项较高，从排名前三的原因中不难看出，体质健康测试的执行者基本是为了完成体质健康工作，被动执行国家政策。真正出于自发、主动推动大学体育第二课堂构建的选项排在第四位，占比88.89%；"提高学生身体素质"、"激励学生参与体育锻炼的热情"、"构建校园体育文化"依次排在第五至第七位，分别占比为85.19%、83.33%、79.62%，以上三个目的也是实施《健康标准》的初衷。有2人次将"其它"作为开展大学体育第二课堂国家学生体质健康测试的目的。

**（三）学校体育运动会**

普通高校学校运动会是校园体育活动的重要内容，是大学体育第二课堂的必要构成部分，是构建校园体育文化的有效路径，是评价和检验学校体育工作的重要衡量标志。调查中发现，目前大部分高校学校运动会仍然采用历史传统方法组织和管理学校运动会，以往的举办观念、管理模式未能及时更新、变革与学校发展和学生需求严重脱节，学校运动会的组织架构、竞赛项目设置和管理措施逐渐落后于社会发展。

（1）学校运动会的管理模式

学校体育运动委员会是学校体育工作的最高领导机构。该机构自诞生之日起就担负着发展学校体育事业的重任。早在1954年，第一届全国人民代表大会第一次会议上就通过成立了"中华人民共和国体育运动委员会"的决议。为了提高学生的身体素质，推动学校体育发展，各级各类学校都相继设立了学校体育运动委员会，并一直延续到现在，学校通过学校体育运动委员会行使管理权力。该委员会成员基本由分管学校体育工作的副校长或副书记担任学校体育运动委员会主任一职，部分学校是由学校校长或者书记任职体育运动委员会职务。从学校体育运动委员会的运行机制来看，大部分普通高校由体育主管部门负责具体组织，并执行和落实学校体育运动委员会的各项工作。从学校体育运动委员会的管理层级上来看，通常情况下，学校体育运动委员会的秘书长职务由学校体育部门负责人担任，秘书长直接受学校体育运动委员会主任的领导，并对其负责。通过调研发现，大学体育第二课堂学校运动会建设均在学校体育运动委员会的领导开展工作，学校领导（体委主任）都能出席学校运动会，各学院负责人及学校职能部门也会受邀出席。

在学校领导的重视下，大学体育第二课堂学校运动会的开展模式基本以田赛和径赛为主，注重竞技性，在"健康中国"纲要实施的推动下，学校运动会的健身性和娱乐性不断增强，趣味性的教工和学生比赛逐渐增多，校运会的竞赛内容不断拓展，从单一的田赛和径赛，不断延伸到各类比赛中，使学校运动会演变成校园体育文化节。在《学校体育工作管理条例》中明确规定，学校每年度举办一次全校性的运动会，实际上，广东省普通高校（除了受不可抗拒的外部因素影响下）每年定期举行学校运动会，且时间大部分超过1天。在针对获得名次学生和教师运动员的评价或奖励时，部分学校采用物质和奖金的形式表彰，部分学校将学生运动员评奖内容转化为第一课程体育教学成绩，以上做法在短期内可能会提高学生和教工的参与积极性，但由于校运会过分强调竞技性，改变了举办学校运动会的初衷，扭曲了学生参与学校运动会的胜负观，进而忽视了大学体育第二课堂的育人价值。

（2）举办大学体育第二课堂学校运动会的目的统计表

通过抽样调查的方法，对广东省54所普通高校学校运动会的竞赛规程和秩序册中明确规定的指导思想和目标进行分析，并通过问卷调查54所普通高校体育部门负责人或体育教师，经过统计得出《举办大学体育第二课堂学校运动会的目的统计表》。从表中可知：所有的调查对象都认为建设大学体育第二课堂学校运动会可以提高学生身体素质，促进健康成长，该目的符合教育部初衷。有51人次将"营造和谐校园体育文化"作为举办校运会的目的，占比为94.44%；"培养学生终身体育意识，激发锻炼热情"排在第三位，占总体比例的87.03%；从短时间的影响力来说，校运会的规模和受关注程度比运动队训练和学生体质健康测试宣传效果要好很多，学生通过参与或者间接参与的方式感受到竞技运动的魅力，趣味体育的乐趣，有助于引导学生参与体育锻炼，培养终身体育意识，46人次将"发展学校竞技体育"作为举办学校运动会的目的，占总体比例的85.18%。"培养学生团队精神和集体荣誉感"、"选拔和组建学校体育运动队"和"评价和检验学校体育工作"依次排在第五至第七位，占比分别是81.48%、79.62%、75.92%；"其它"选项有3人次选择，仅占总体比例的5.56%。

表9　举办大学体育第二课堂学校运动会的目的统计表（N=54）

| 目的 | 频次 | 百分比（%） |
| --- | --- | --- |
| 提高学生身体素质，促进健康成长 | 54 | 100 |
| 营造和谐校园体育文化 | 51 | 94.44 |
| 培养学生终身体育意识，激发锻炼热情 | 47 | 87.03 |
| 为了发展学校竞技体育 | 46 | 85.18 |
| 培养学生团队精神和集体荣誉感 | 44 | 81.48 |
| 选拔和组建学校体育运动队 | 43 | 79.62 |
| 评价和检验学校体育工作 | 41 | 75.92 |
| 其它 | 3 | 5.56 |

## 二、大学生参与体育第二课堂的现状

### （一）大学生参与体育第二课堂的兴趣

大学体育第二课堂使高校教育事业的发展对大学体育产生影响，根据新时代大学生的个性特点，结合传统体育教学的改革和创新，其显著的特点是大学生自愿、主动、自主地参与到体育课堂教学活动中来。目前广东省普通高校基本开设体育选项课教学，体育课程设置比较丰富，体育第一课堂基本能够满足学生对体育运动项目的需求，学生在体育必修课或选修课中能够掌握一到两项体育技能，为参与大学体育第二课堂的俱乐部或者运动队活动奠定良好的基础。由于学生个体的学习经历和运动背景不同，加上学生个性不同，学生个人的观点不同，其兴趣爱好也有差异，在对体育运动项目的选择上，就呈现出多元样的现象。通过对学校体育主管部门的访谈得知，在选择体育项目上，男生与女生存在着很大的差别，从侧面可以看出男生与女生的个人兴趣爱好也大相径庭。男生比较喜欢抗性强和竞争交流激烈的体育运动项目，比如篮球、羽毛球以及跆拳道等，其中篮球项目因其普及性强深受男同学的喜爱。其次是网球、轮滑和散打等新兴项目。比较受女生欢迎的有健美操、跑步、羽毛球、体育舞蹈等表现类体育运动项目，诸如体育舞蹈、健美操的运动强度较低，没有对抗性，而且对体能也有一定要求，能够满足女生对塑造形体美的需求。羽毛球和乒乓球都是隔网对抗的运动项目，因其缺少身体对抗，而同时具有较强运动强度和竞争性，受到男生和女生的喜爱，其中还有两个重要的原因：一是羽毛球运动的场地均设在体育馆内，运动时不会受到雨天而被迫取消，也不会因晴天而受到阳光的曝晒；二是羽毛球运动入门较简单，任何层次的学生都可以相互竞技，健身娱乐。调查发现，广东省实施大学体育第二课堂的体育教师基本能够满足学生的选择意向。即使体育教师的专业与学生的需求存在偏差时，学校体育部门往往会通过培训和招聘新员工的方式，优化体育教师的教学能力，促使体育教师能够胜任新兴体育运动项目的指导，确保学生准确掌握运动技能，提高学生的运动水平。

**（二）大学生参与体育第二课堂的动机**

动机是个体的思想意识，是个体的唤醒状态，是维持个体行为的内部动力，能够直接使个体在行为动作、意图、心理等方面上做出相应的改变，或企图达到目标等。在校大学生的首要任务就是学习文化知识，能够学会更好的生活，在高负荷的脑力劳动之余，通过参与体育锻炼来放松自我，缓解学习压力，成为大学生比较喜欢的生活方式。大学生参与体育第二课堂的自身行为对开展大学体育第二课堂有着积极的促进作用。从学校培养人才方面来看，高校可以从大学生参与大学体育第二课堂的自身行为发现同学们的兴趣爱好，在第二课堂教学活动中可以积累开展课堂教学经验，还可以在课堂教学中挖掘到体育人才。从学生自身发展角度来看，参与大学体育第二课堂对增强学生道德社会适应能力，培养学生健康体魄都有明显的助推作用。伴随着社会的不断进步和国民经济的不断增长，人们的物质生活越来越充实，休闲时间越来越多，人们的健康意识逐渐增强。新时代大学生参与大学体育第二课堂的兴趣不断增强，学生的参与动机逐步呈现出多样化的趋势。通过调查显示：有237和220人次参与体育第二课堂的动机分别为"提高身体素质"和"个人兴趣使然"占总体比例分别是87.78%和81.48%，依次排在所有参与大学体育第二课堂动机的第一位和第二位。显然，高校开设大学体育第二课堂能够满足大学生的兴趣爱好，并且在参与课堂活动中能够提高学生的身体素质。在第二课堂的教学活动中，大学生可以通过参加相同体育运动项目，找到志同道合的朋友，在相同组织中获得归属感，增进人际关系，有助于形成学生学习和生活的良好状态。在动机现状调查中，有194人次选择"增进人际关系"为参与体育第二课堂教学活动的动机，占到总体比例的71.85%。"提高运动技能"、"获得优异成绩竞赛"、"体现自我价值"依次排在第四、第五和第六位，占比分别为61.48%、51.11%、44.81%。学生从要求提高运动技能角度参与大学体育第二课堂有一定的深层次原因，也反映出大学第一课堂对满足学生提高运动技能的要求有一定的缺失。有部分学生具有一定运动技能，通过获得竞赛机会，在比赛中获得优异的竞赛成绩，同时在体育第二课堂的教学活动中能够实现自我价值。有96人次参与体育第二课堂的动机是提高体育课成绩，虽然排在第七位，但是占比为35.56%，也是占到一定比例，从该选项中也能窥见，大学体育第一课堂和第二课堂不断融合的趋势。排名第八的是"完成学校安排的体育教学任务"占比为10.74%，有29人次将其视为参与体育第二课堂的动机，这也是大部分同学不喜欢运动，缺乏体育锻炼的积极性，而被迫参加体育锻炼的真实写照，该部分同学应该是被学校体育工作重点照顾的对象，也是体育课教学改革需要特别留意的群体。

表10　大学生参与体育第二课堂的动机现状（N=270）

| 内　容 | 频次 | 百分比（%） |
|---|---|---|
| 提高身体素质 | 237 | 87.78 |
| 个人兴趣使然 | 220 | 81.48 |
| 增进人际关系 | 194 | 71.85 |
| 提高运动技能 | 166 | 61.48 |
| 获得优异成绩竞赛 | 138 | 51.11 |
| 体现自我价值 | 121 | 44.81 |
| 有助于体育课成绩 | 96 | 35.56 |
| 完成学校安排的体育教学任务 | 29 | 10.71 |

## （三）大学生每周参与体育第二课堂的时间

表11　大学生每周参与体育第二课堂的时间（N=270）

| 时　间 | 频次 | 百分比（%） |
|---|---|---|
| 60分钟以下 | 3 | 1.1 |
| 61分钟-120分钟 | 14 | 5.18 |
| 121分钟-180分钟 | 26 | 9.61 |
| 180分钟-240分钟 | 102 | 37.78 |
| 241分钟-300分钟 | 96 | 35.56 |
| 300分钟以上 | 29 | 10.74 |

　　随着时代进步和科技发展，网络和手机使用时间占据了大学生的大部分业余时间，以学习为主的大学生安排专门时间参与体育第二课堂，对促进学生身体健康是十分必要的。由表11统计数据可知，参与体育第二课堂的最多的时间段是每周3个小时，占总体比例的37.78%，平均每天还不到30分钟；其次是每周参与体育第二课堂的时间为4个小时，占比为35.56%，排在选项第二位。每周参与3至4小时的被调查的学生人数为198人，占总体比例的73.34%。有29人每周参与大学体育第二课堂的时间在5小时以上，由于参与第一课堂的时间不计算在运动时间之内，在繁重的学习压力和社团活动下，能够每周有5小时的运动时间实属不易，且其比例为10.74，%也能够反应出大学生能主动参与体育锻炼，有3人的每周参与时间不足60分钟，仅占总体比例的1.1%，有14人的参与时间在1至2小时，占比为5.18%，有26人参与大学体育第二课堂每周耗费的时间在2小时之内，占比

为9.61%，也有近30%的同学平均每天的运动时间不足30分钟。因此，学校体育管理领导应当重视这一现象，通过采取各种措施，激发学生锻炼的热情。

## 三、学校开展大学体育第二课堂的调查

### （一）学校对体育第二课堂的重视程度（N=54）

表12　学校对体育第二课堂的重视程度统计表

| 内容 | 非常符合 | 大部分符合 | 符合 | 大部分不符合 | 非常不符合 |
|---|---|---|---|---|---|
| 学校设置了体育第二课堂专门的管理机构 | 6 | 37 | 7 | 1 | 3 |
| 学校领导经常召开体育第二课堂的会议 | 3 | 12 | 10 | 13 | 16 |
| 学校有相应的体育第二课堂管理规章制度 | 5 | 29 | 11 | 5 | 4 |
| 体育第二课堂有足够的经费保证 | 2 | 7 | 8 | 25 | 16 |
| 第二课堂体育师资配备能够满足学生需求 | 21 | 15 | 12 | 5 | 1 |
| 场馆设施能够满足开展第二课堂活动需求 | 10 | 9 | 11 | 18 | 6 |

本质上来讲，学校对体育第二课堂的重视程度就是学校领导对体育的态度。所谓"态度"是个体对某种事物的心理倾向，思想上可以影响到个体的判断和思维方式，对个人的行动与情感方面起决定性的影响。因此，"态度决定一切"也是有一定道理的。教育主管部门或者学校体育负责人对大学体育第二课堂的肯定态度是开展大学体育第二课堂的前提，体育第二课堂是否顺利、有效地开展根本上取决于领导的支持与重视。通过对学校相关管理领导和教师的调查，有50人认为符合或者大部分符合"学校设置了体育第二课堂专门的管理机构"，占比为68.51%。仅有15人认为"符合"或者"大部分"学校领导经常召开体育第二课堂的会议，占总体比例的27.78%，同时有29认为"大部分不符合"或"非常不符合"，占比为53.71%，从上述两个方面可以看出，学校已经设置了管理机构，但是以"学校体育第二课堂"会主题的会议较少，显然推动体育第二课堂健康发展，需要动员学校系统内的资源，发挥管理机构的领导作用，定期召开主题会议，保证形式上有清晰的组织架构，内容上有实质性的主题。调查者均比较认同"学校有相应的体育第二课堂管理规章制度"和"第二课堂体育师资配备能够满足学生需求"，却非常不赞成"场馆设施能够满足开展第二课堂活动需求"，"体育第二课堂有足够的经费保证"。管理制度和师资配备体现了学校的支持，

表明了普通高校实施大学体育第二课堂能够与社会发展相适应，也是学生接受高等教育中必不可少的内容。但是，由于学校发展的规模和场地限制，体育场馆建设情况不容乐观，高校只能在现有的基础上改进和完善体育场馆设施，伴随着学校办学条件的不断成熟，学校会加大体育场馆建设，使第二课堂场地设施更加完善，满足学生对体育锻炼的需求，推动体育第二课堂的开展。有41人认为"体育第二课堂有足够的经费保证"不符合现实状况。由于普通高校十分重视学科建设，而学校体育，尤其是体育第二课堂的教学效果是人才培养中的难以具体化的育人效应，很难直接促进学校学科建设。因此，学校对体育经费的投入多集中在第一课堂的教学，投入到《学校体育工作条例》中明确要求的学校运动会中，投入到国家强制要求的学生体质健康测试中去，对于学生自发，学校自愿的体育第二课堂的经费投入十分匮乏，严重阻碍了大学体育第二课堂的持续性发展。

**（二）体育教师参与大学体育第二课堂的情况统计**

体育教师是大学第二课堂教学活动的主导者。在体育课堂的组织和管理中，具有十分重要的指导作用，引领体育第二课堂的发展。不论是在俱乐部活动，还是在运动队竞赛训练中，抑或是校运会的举办过程中，体育教师的专业能力和基础理论知识水平不仅决定着体育第二课堂教学活动的质量和效果，更影响着大学生对体育运动的兴趣以及参与大学体育第二课堂的主动性和积极性，对学生终身体育思想的形成具有指引作用。体育教师的师资水平主要体现在职称、学历、运动技术等级以及年龄等各个方面。师资水平不仅仅是一所高校体育教师水平高低的象征，可以反应出课堂教学水平，反应出专业理论知识的深度和广度。大学体育第二课堂教学活动是一项比较独特的教学活动，教学活动以身体锻炼为基础，通过讲解示范，使学生在实践中学习体育的基本理论知识，掌握基本运动技能。从体育师资队伍的年龄结构来看，需要年富力强的体育教师长期参与课堂教学，特别是面向基础水平一般的学生示范技术动作，投入大量的时间和精力进行课堂教学。

1.体育教师对大学体育第二课堂的了解状况

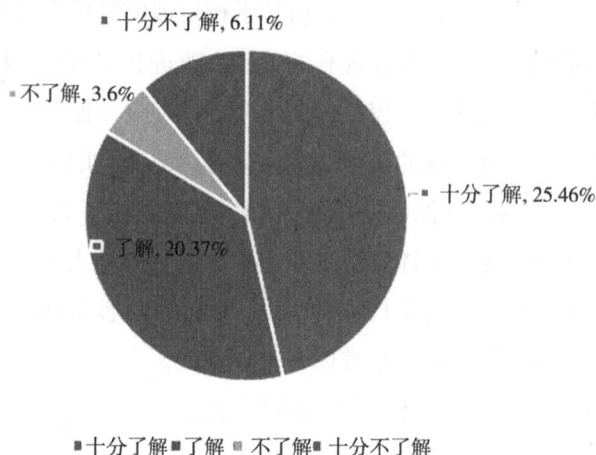

十分了解 ■了解 ■不了解 ■十分不了解

**图1 体育教师对大学体育第二课堂的了解程度统计表**

根据调查结果显示（见图1），体育教师对大学体育第二课堂的了解程度发现，有25人，非常了解大学体育第二课堂，占总体人数的46%，有20人了解大学体育第二课堂，占比为37%，有3人不了解解大学体育第二课堂，占调查总人数的6%，有6人十分不了解大学体育第二课堂，占总体比例的11%。有9个被调查对象不是非常了解大学体育第二课堂，究其原因，一方面是第二课堂的影响力不够，另一方面是体育教师参与了大学体育第二课堂中校运会、体测或者是校运动队的建设，但是对"大学体育第二课堂"的定义不了解，因此造成了部分体育教师的疑惑，相应地增加了不了解大学体育第二课堂的比例。

2.体育教师每周参与大学体育第二课堂的情况

大学体育第二课堂的教学活动离不开体育教师的指导，体育教师参与大学体育第二课堂的时间体现了教师对课堂教学的重视程度，决定着运动队的竞赛训练成绩，是学校运动会和体育俱乐部教学活动正常开展的必要条件。只有保证高水平运动队一定的训练时间，才可以保持和提高高水平运动员的技能水平。在充足的训练时间，俱乐部和普通运动队的队员可以巩固基本技术，提高运动技能，塑造健康体魄。对体育教师的调查研究发现：有3人每周参与大学体育第二课堂的时间在1小时以下，占比仅为5.55%，每周投入到课堂建设的1-2个小时的体育教师为9人，占总体比例的16.77%；每周投入大学体育第二课堂教学和活动时间为2-3小时和5-6小时的体育教师分别是8和9位，占比分别是14.81%和16.67%。其中有15名和10名体育教师每周参与大学体育第二课堂的时间位3-4小时和5-6小时，占总体比例的前两位，分别是27.78%和24.07%，两者之和超过半数体育教师人数。对工作繁重的体育教师来说，平均工作日投入1小时以上，能侧面反映出体育教师参与大学体育第二课堂教学活动的积极性。

表13 体育教师每周参与大学体育第二课堂的时间（N=54）

| 时 间 | 频次 | 百分比（%） |
| --- | --- | --- |
| 1小时以下 | 3 | 5.55 |
| 1-2小时 | 9 | 16.67 |
| 2-3小时 | 8 | 14.81 |
| 3-4小时 | 15 | 27.78 |
| 5-6小时 | 9 | 16.67 |
| 6小时以上 | 10 | 24.07 |

**相关文献**

**S大学全日制本科生高水平运动队管理办法（试行）**

**第一章 总则**

第一条 为加强学校高水平运动队建设，不断提升高水平运动队的管理水平、培养质量和竞赛成绩，根据《教育部关于进一步加强普通高校高水平运动队建设的实施意见》（教体艺〔2017〕6号）和国家体育总局、教育部《关于深化体教融合 促进青少年健康发展的意见》（体发〔2020〕1号）等文件精神，结合学校实际，制定本办法。

第二条 本办法中所称S大学高水平运动队，是指学校按照国家有关规定，通过招收具有较高运动水平的运动员学生，在文化学习之余组织开展专业运动训练、进一步提高运动项目竞技水平而组建的学生运动员代表队。

第三条 本办法中所称S大学高水平运动员，是指S大学高水平运动队在队训练、参加竞赛的全日制本科学生。

第四条 高水平运动员在校学习期间应严格遵守学校各项学生管理规定和本办法相关规定。

## 第二章　管理机构与职责

**第五条**　体育部负责统筹高水平运动队建设；负责高水平运动员的训练和竞赛管理；负责教练员的聘任与管理；负责在官方网站上开设高水平运动队建设专栏，定期发布高水平运动队建设情况；参与高水平运动员的招生、思想政治教育和日常管理等相关工作。

**第六条**　教务部负责统筹高水平运动员的招生、教学规划计划、教学运行管理和质量保障，包括招生与录取、学籍管理、培养方案审批、教学组织、学士学位审核与授予、免试攻读研究生学位资格认定等工作；负责建立和完善高水平运动队招生管理信息制度。

**第七条**　党委学生工作部负责统筹高水平运动员的思想引领、行为规范和学业发展，包括入学教育、第二课堂活动、学业辅导、就业指导、档案管理、纪律处分管理等工作。

**第八条**　各相关学院（系）是高水平运动员教育教学和日常管理的主体，负责具体落实本学院（系）高水平运动员教育管理各项工作。

## 第三章　运动员招生与录取

**第九条**　高水平运动队项目设置。

目前设置5个项目：田径、游泳、排球、足球、击剑。学校根据教育部相关规定和实际需要动态调整设置项目。

**第十条**　招生计划、招生简章制定。

（一）体育部根据高水平运动队建设和发展规律，会同有关体育领域专家和教务部等部门研究论证，提出学校运动队建设规划和招生需求，根据急需程度，就各项目招生计划、报名条件等提出建议。

（二）教务部根据教育部相关文件、学校招生管理规定，结合学校实际，会同体育部研究制订高水平运动队招生简章。招生简章应明确高水平运动队各项目（分性别、位置或小项）招生计划，明确报名条件，细化学校认可的比赛、名次、主力上场队员标准，按照学校发展定位和人才培养要求，合理确定录取考生高考文化课成绩最低要求，经学校审批、教育部审定后开展招生与录取工作。

**第十一条**　招生、录取工作实施。

（一）对于纳入全国统考的项目，教务部会同体育部根据全国统考成绩分布情况提出相关项目合格成绩要求，结合报名资格审核结果，择优确定专业考试合格名单及享受高考文化课成绩优惠的相应录取要求，报学校审批后公示。

（二）对于未纳入全国统考的项目，教务部会同体育部制订专业测试办法和评分标准，并在校考中严格执行，确保测试流程公平公正。教务部严格开展考评人员选聘管理，严密考试过程组织管理，测试成绩应现场得到考生确认，测试过程全程录像备案，录像材料应清晰可辨、保存时限不得少于4年。加强考生反兴奋剂教育，校考前与考生签订《反兴奋剂承诺书》。拒不签订承诺书或拒绝接受兴奋剂检查的考生，视为主动放弃考试资格。教务部根据考生专业测试成绩择优确定合格考生名单及享受高考文化课成绩优惠的相应录取要求，报学校审批后公示。

（三）教务部严格按照已公布的录取规则，择优录取专业测试成绩和高考文化课成绩达到相应录取要求的考生。

（四）新生入学后，教务部会同体育部按照教育部相关要求对录取的高水平运动队考生开展入学专业水平复测和复核，对于复测和复核不合格的考生，取消入学资格。

（五）高水平运动队招生、测试、录取等重点工作环节须在学校纪委办公室、监察处全程监督下完成。

### 第四章　教练员聘任与管理

第十二条　教练员配置与聘任。

（一）高水平运动队各项目设教练组：田径项目教练组设总教练1名，短跑、中长跑、跳跃、跨栏、投掷教练各1名；游泳项目教练组设总教练1名，教练3名；击剑、男排、女排、男足、女足项目教练组分别设总教练1名，教练2名。

（二）高水平运动队教练员须具备良好的师德师风和专项训练水平，能够提升我校高水平运动队训练管理水平和竞赛成绩，聘期一般为三年。

（三）体育部于每年5月份将各项目教练员配置情况报教务部备案。

第十三条　高水平运动队实行总教练负责制，由总教练全面管理运动队的各项训练、竞赛事务。

第十四条　教练员应按学校要求，分学期制订专项训练课程教学大纲、训练计划和竞赛目标，做好高水平运动员日常训练和训练总结、竞赛管理等工作。

第十五条　学校按照高水平运动员培养方案中专项训练课程学时数，核算有关教练员专项训练课程的教学工作量。

第十六条　对连续三年队伍成绩下滑、未达到竞赛目标，或违反管理纪律的教练员，体育部进行调整或解聘，并报教务部备案。

### 第五章　运动员训练和竞赛管理

第十七条　对于正式入学的高水平运动员，学校与其签订训练与竞赛协议，明确其参加训练与竞赛的义务。

第十八条　高水平运动员入校后在国家体育总局注册为专业运动员，需经过教练员同意、体育部审批后，报教务部备案。队员注册后，教练员承担对注册队员的监管责任。

第十九条　高水平运动员实施全年训练制，春、秋学期每学期训练20周，寒、暑假休假均不超过2周，每年训练不少于48周。如承担重大比赛任务，则休假取消。单独编班的高水平运动员每周训练6次，每次训练时间不少于3学时，每周训练时间不超过20学时。非单独编班的高水平运动员每周训练不少于3次，每次训练时间不少于3学时。

第二十条　高水平运动员原则上不允许退队。确因严重伤病，不能继续参加训练和比赛、需要申请退队者，应提交书面申请，提供三甲医院诊断证明，经医院管理处复核、教练组评议、体育部党政联席会议审议、教务部复核、学校校长办公会审议同意后方可退队。

退队队员应根据体育部的安排，积极参加体育社团指导或训练竞赛辅助等，拒不参加者，不能获得专项训练课程学分。

第二十一条　高水平运动员入学后，擅自不参加训练和比赛，经批评教育无效者，按照《S大学学生处分管理规定》《S大学本科生学籍管理规定》，视情节轻重给予相应纪律处分或者退学处理。

### 第六章　运动员教学管理

第二十二条　单独编班的高水平运动员所在学院（系）应会同体育部，按照学校相关要求，为高水平运动员制订专门的培养方案。培养方案中应包括40个学分的专项训练课程，每学期5学分（180学时），共计8个学期。

第二十三条　专项训练课程教学及评分由体育部根据高水平运动员的表现

情况予以评定。

（一）正常在训的高水平运动员，如果该学期无比赛任务，训练课成绩依据其训练出勤率评定。训练出勤率不足三分之二，训练课成绩评定为不及格。

（二）正常在训的高水平运动员，如果该学期有比赛任务，训练课成绩依据其竞赛成绩评定。

第二十四条　非单独编班的高水平运动员在完成第十九条规定的训练任务的前提下，可申请将训练学分转化为其所在专业培养方案中的体育课程学分，成绩由体育部根据其训练表现情况予以评定。

第二十五条　高水平运动员因学校安排或同意在学期中参加集训或重大体育赛事，应由其本人提出申请，经体育部审核后，向所在学院（系）办理请假手续。未提前办理请假手续或未获准假而缺勤、缺考者，按旷课、旷考处理。

## 第七章　高水平运动员免试攻读研究生学位

第二十六条　高水平运动员申请推荐免试攻读研究生学位（以下简称"推免"）资格需满足以下条件。

（一）政治表现、道德品质、身体素质、心理素质和有关惩处方面的基本要求符合《S大学推荐免试攻读研究生学位资格认定工作实施办法》（S大学教务〔2020〕223号）中相关规定。

（二）学习成绩要求：

1. 专业基础扎实，在本专业同年级学生中推免课程成绩排名在前50%。单独编班的高水平运动员的推免课程成绩由文化课程成绩、专项训练课程及竞赛成绩组成，并按以下公式进行计算：

推免课程成绩 $=X \times 0.4 + Y \times Z \times 0.6$。其中，X为本科前三学年文化课程（必修和专选，不含专项训练课程）平均学分绩点，Y为本科前三学年专项训练课程平均学分绩点，Z为大学期间获得运动竞赛成绩相关的折算系数（如有多项成绩不累加）。取得下表所列等级竞赛成绩的，$0.5 \leqslant Z \leqslant 1$；未取得下表所列等级竞赛成绩的，$Z=0.1$。X、Y计算由高水平运动员所在学院（系）负责审核和公示，Z计算由体育部负责审核和公示。

| 赛事级别或运动等级 | 名次或要求 | Z值 |
| --- | --- | --- |

| 奥运会、亚运会、世界大学生运动会 | 单项前八名或集体项目前12名核心队员 | 1 |
|---|---|---|
| | 其他参赛队员 | 0.8 |
| 全国学生运动会、全国大学生锦标赛或联赛 | 单项冠军或集体项目前三名核心队员 | 0.7 |
| 获得运动健将称号 | 与我校高水平运动队办队项目一致 | 0.5 |

注：以上赛事认可项目应与我校高水平运动队办队项目一致。集体项目核心队员人数限定为1-2人。田径、游泳接力成绩和击剑团体赛成绩不在计算之列。

2. 补考或重修后无不及格成绩（补考或重修后的成绩计算参照有关规定执行；含公共选修课程）。

第二十七条　单独编班的高水平运动员推免工作流程。

（一）在学校推免工作开始时，由高水平运动员本人将申请表等自荐材料提交所在学院（系），由体育部和运动员所在学院（系）进行审核。运动员所在学院（系）与体育部按以上推免课程成绩计算规则统计分数，按分数由高到低进行排序，根据学校下达的推荐名额数和推荐要求，拟定本学院（系）高水平运动员推荐资格名单及排序，并按学校相关要求进行公示。

（二）运动员所在学院（系）按学校相关要求将公示后的推荐名单（按推荐次序排列）和相关材料（含申请表、有关学习成绩证明材料等）报送教务部。学校按程序审批确定全校高水平运动员获得推免资格名单。

第二十八条　非单独编班的高水平运动员的推免工作按《S大学推荐免试攻读研究生学位资格认定工作实施办法》（S大学教务〔2020〕223号）中相关规定执行，具体根据运动员所在学院（系）的推免办法及相关细则执行。

### 第八章　责任追究

第二十九条　相关单位和人员应严格遵守工作程序和纪律，杜绝高水平运动队管理工作中的违规行为。违反本规定，有下列行为之一的，应追究相关单位和人员的责任。

（一）串通弄虚作假、徇私舞弊的；

（二）玩忽职守未按规定履行职责的；

（三）工作中收受申请人财物或谋取其它不正当利益的；

（四）存在其它违规行为的。

第三十条　相关单位和人员有第二十九条所列行为之一的，学校根据其行为的性质、情节及所造成后果的严重程度，采取以下问责措施。

（一）批评教育；

（二）责令作出书面检查；

（三）在一定范围内通报批评；

（四）取消年度评先评优资格；

（五）扣减年度奖励性绩效；

（六）法律、法规、规章和学校规定的其他处理措施。

以上措施可以单独适用或者合并适用。构成违纪的，由学校依照有关党纪法规和学校规定作出处理；需要追究领导责任的，按照有关党纪法规和学校规定对有关单位及其领导人员实行问责；涉嫌违法犯罪的，移送国家有关机关处理。

# 第三章　国外大学体育第二课堂概述

由于各国在政治、经济、文化等各方面的差异，国外大学体育的第二课堂有着不同的特点。美国大学体育是世界上开展大学体育第二课堂最好的国家之一，其大学生体育竞赛具有明显的社会化、商业化和竞技性。前苏联也是重视大学体育，并建立了大学体育规范制度的国家，其《准备劳动与卫国体育制度》是一项高度集权的体育制度，极大推动了国家体育的发展，是社会主义国家发展体育的可借鉴的范式，具有重要的社会意义和历史价值。日本的大学体育在二战后得到迅速发展，其学生体测标准的实施有效推动学校体育的发展，为日本学校发展提高参考依据。英国和德国等欧洲发达国家是近代体育运动的起源地，在近代体育的影响下学生参与体育运动的自觉性高，学校体育与社会体育的发展相互融合、共同发展，支撑起整个国家体育事业的蓬勃发展。

## 第一节　美国大学体育第二课堂

当前美国是世界上第一大体育强国，全国拥有4000多所大学，是世界上拥有大学数量最多的国家，不仅许多职业体育项目位居世界前列，同时大学体育的发展呈现出高水平、专业化的模式，其大学体育成为美国职业体育项目后备人才培养的摇篮。由于美国职业体育对大学体育的依托和社会各界对学校体育发展的重视，使得美国众多高校在发展体育的场地设施、组织管理、书刊资料、师资力量、体育经费等方面获得较好的支持。

### 一、美国大学体育思想

美国高校体育"实用主义"为指导思想，致力于培养和发展学生的能力、兴趣、个性以及人格塑造。大学体育第二课堂的开展形式主要是开设学修课程或者参加各运动俱乐部和校队的训练和竞赛。体育第二课堂的运动项目具有多样化特点，因其具有较强的娱乐性，开展大学体育第二课堂的活动始终在轻松愉悦的环境中进行，教与学的氛围缓和，使得教学质量有了保障。在美国大学体育思想的指引下，伴随着经济文化的迅速发展，大学生对自身素质有着越来越明确的的要求。因此，大学生会根据自身的能力、兴趣爱好积极参与课余体育活动。据有关资料显示：经常不参加课外体育活动的大学生占总体大学生人数的10%以下。每天不少于两小时的运动时间是全国大学生协会和美国大学生教育管理委员会对大学生课外体育活动的做出的严格规定。美国学校体育还做出相关规定，除了通过学校体育教学的方式来培养青少年的全民健身意识外，还必须要加强对大学提体育第二课堂的践行。

## 二、美国大学体育第二课堂发展

普通高校的各类体育俱乐部和单项运动协会是美国大学体育第二课堂的主要组成部分。学校对大学生参与第二课堂体育活动是高度重视的。为了充分利用学校完备的体育资源，许多高校按照临时的任务要求，专门召集了学校体育部门和运动康复等部门的体育教师以及其它负责体育第二课堂的相关人员组成指导小组，每位体育教师负责两到三个体育运动项目，到大学体育第二课堂的指定场所对学生每天的体育活动进行监督和科学指导，从而保证大学生能够以科学、合理的方式进行体育锻炼。1980年，美国的卫生、体育娱乐和舞蹈联合会公布了《健康测试法》。《健康测试法》指出身体的健康素质对每个人来说都是必须的，这从法律法规上体现出了人人平等的体育权力。因此，美国体育以及教育主管部门均认为对于学生在发展勇于竞争的个性，培养健全大方活泼的人格，全面提高学生体质健康，养成良好的体育运动习惯方面，参与大学体育课第二课堂是不可或缺的途径。美国高校在设置课程时，不论是体育课程还是其他学科课程，其目标是面对学生，主张学生的学校教育是学生生活的过程，要以学生为主，学生需要什么，想要学习什么，学校就开设什么课程，同样高校在开设体育第二课堂的教学内容时也从学生角度，全面设计课程内容。

体育俱乐部是美国大学体育第二课堂的重要形式。大学体育俱乐部开展的体育运动项目涵盖面广泛、内容丰富、休闲性和娱乐性较高，体育课通常为选修课，俱乐部则为主要的组织形式。美国最早的体育俱乐部是1732年在费城建立的，从1820年到1850年的这三十年间是美国高校体育飞速发展的阶段，在此期间学校体育最显著的特征是体育竞赛，耶鲁大学和哈佛大学还在1843年和1850年分别成立了划船俱乐部以及常春藤体育俱乐部。美国高校校际之间的体育交流与融和在这之后的五十年间进入了新的发展阶段，使得体育的社会价值充分展现出来，从而开展的运动项目的种类越来越多，高校之间的体育组织联盟也在逐渐建立起来。1905年成立的全国大学生体育协会（National Collegiate Athletic Association），其主要职能是组织各类大学体育赛事，该组织的发展为美国职业体育的发展输送了大量的优秀体育人才。1922年，美国高校又成立了体育俱乐部指导者委员会，该交流会旨在交流和总结体育俱乐部开展的经验，探讨高校体育俱乐部之间的运行机制以及相关发展问题，为高校体育俱乐部的发展推波助澜。

美国全国大学生教育管理委员会和全国大学生体育协会是许多高校为管理和组织课余体育活动而设置的专门管理机构。课余体育竞赛是大学体育的核心内容，是该组织的一个工作重心，其面向普通大学生的课余体育竞赛主要包含两种类型：一是各俱乐部之间的竞赛，是不同高校间相同体育项目俱乐部之间的竞赛，即校际比赛，由学生自行组织、自己管理，场地器械、技术指导、体育经费则主要由大学体育部给予支持；二是校内体育竞赛，类似于校内运动会，主要由大学体育部统一组织。与美国的竞技体育一样，普通大学生课余体育竞赛组织所需的经费通常通过多元化的渠道获取，政府一般不直接进行资助，体育竞赛经费的来源主要有：收取协会会员的会费、体协发展基金、社会企业和财团的赞助等。

美国大学体育比赛经过数百年间的演变实现了由校际间自发的竞赛活动发展到目前非常完善的竞赛组织体系。大学体育组织在美国大学体育不断地发展和完善的过程中起到的作用不容小觑，属于非盈利性质的美国大学生体育管理机构在全社会具有广泛的影响力，其中包括的主要组织有美国大学生体育联合会、美国大学校际体育联合会工、美国大专体育联合会、美国教会高校体育联合会、全美高校体育联合会从等管理机构。在这众多的体育管理机构中，美国大学生体育联合会是当中会员数量最多，职能最全，同时也是规模最大，管理方式最先进的的体育组织，在全美的影响力广泛。

## 三、NCAA（美国大学生体育协会）

美国大学生体育协会（National Collegiate Athletic Association），以下简称NCAA，是有美国众多高校加入并结盟的一个体育协会，协会最主要的职能就是每年举办各种体育项目联赛，在多种体育项目联赛中最受瞩目的是橄榄球联赛和篮球联赛。NCAA主管着全美国的大学体育事务。NCAA会员不仅限于国内，还包括加拿大，其中美国和加拿大有1000多所四年制大学被分成三个等级的十多个联盟，进行多种体育运动项目的比赛，如田径、体操、足球、篮球、排球等。NCAA共设有23个比赛项目，球类运动共13项，田径、体操等其他非球类运动有十项，其中关注度最高，深受媒体转播的运动项目是篮球、橄榄球、棒球和冰球这四项有着强烈肢体对抗性的体育运动，由于项目受到民众的热切关注，各大学则争相追逐这四个项目的大满贯，为了夺冠这四个项目也是各大高校投入最多的项目。截止到2014年，只有一所大学在顶级联赛中获得大满贯，即密歇根大学（1次男子篮球全国冠军，11次橄榄球全国冠军，2次棒球全国冠军，9次男子冰球全国冠军）。除了密歇根大学，获得过其中三项冠军的还有密歇根州立大学、加州大学伯克利分校、斯坦福大学、明尼苏达大学、加州大学洛杉矶分校和俄亥俄州立大学。而获得过其中两项冠军包括上述学校的也只有26所学校。

在会员资格和竞赛机制上，NCAA的入会资格是学校必须具备男女各四个运动项目的运动校队，且对运动员的学习成绩也有要求，其学业平均成绩必须在2.0以上，入学时的ATC和SAT测试都有最低分数限制，所有课程都要及格，否则将失去参加比赛的资格。这些规定主要是为了向社会公众宣示：大学生运动员，第一标签是学生，其次才是运动员，大学是以教育为主的，学生运动员仍应该以接受教育为主要目的。各高校又被分为第一级别、第二级别和第三级别，即Division I、II和III，依据是学校的综合实力和体育投入的多少。一个级别通常会有多个联盟，每个联盟又有数十个学校组成。NCAA名牌大学之间，特别是有着悠久历史渊源的I-A级学校之间，每年都会产生有巨大影响力的比赛。由于各个学校的橄榄球主场都华丽而且非常巨大，如宾夕法尼亚州立大学的海狸大球场、德克萨斯大学的长角球场、纽约扬基的球场密歇根大学的密歇根体育场、新英格兰爱国者的球场等，能容纳的观众人数超12万，因此，橄榄球赛的Derby Game无疑是最激烈的，以圣母大学和密歇根大学的比赛为例，其每场比赛的平均上座人数超过十万人。NCAA的经典Derby Game也非常多。

NCAA是美国负责管理大学体育运动的最高机构，是由全美千百所高校所参与结盟的一个协会，是招收管理大学生运动员、奖学金、学术资格、对校外资助、电视转播等一系列涉及大学生运动员事务进行管理的非营利性实体。它拥有有关大学体育规则的制定权、仲裁权和解释权，确保大学体育比赛在公平、公正、安全、平等、公开及友好的氛围中进行，体育比赛和高等教育相结合，为运动员提供终生受益的高等教育机会。凡是加入协会的高校都必须遵守协会的规则，服从协会的决定。

美国的许多大学都招收来自世界各地的留学生，留学生来到美国大学融入大学的同时也带来了世界体育的大融合。又由于美国各大学的体育设施非常完善，每所大学基本都具有足球场、田径场、网球场、游泳馆、体育馆及和其他大型综合体育设施。规模较大的大学拥有一个体育馆，一半以上大学有田径馆，分布在各个大学的近千个游泳池，越座冰球场和滑冰场，多个冬季滑雪基地。完善的体育设施为开展多样的课余体育活动提供了强有力的保障，课余时间的体育活动项目应有尽有，如足球、篮球、排球、棒球、垒球、橄榄球、高尔夫球、田径、游泳、体操、健身操、现代舞蹈、摔跤、攀岩、轮滑、赛车自行车等，这些项目基本都有学校校队，校队成员们是学校中课余体育活动中的体育骨干。美国高校的课外体育活动符合学生生理、心理、年龄特征，并兼具娱乐性、健身性、竞赛性的特点。运动技术好而体质强的学生偏好竞赛性活动，身体强壮而且运动技术较好的学生多以竞赛性活动为主，运动技术差而体质弱的学生则以娱乐性的体育活动为主。高校学生选择参加体育活动的目的也不尽相同，有竞技性的、有健身锻炼的、丰富课余文化生活的、陶冶情操的等等。

美国高校课外体育活动内容和开展的形式反映了学生的兴趣及需要，有助于培养学生的综合素质及能力，对学生无论是身心健康的发展还是意志品质的锤炼都有着良好的促进作用。

## 第二节　其他国家大学体育第二课堂

### 一、日本

#### （一）早期日本大学体育第二课堂

二战结束后日本举全国之力大力恢复生产和发展，在短短几十年间实现经济迅猛发展，高校体育也获得了发展，逐渐形成相对完善的体系。而在明治维新（1868年）以前，日本教育机构就颇具规模，明治维新以后，日本教育思想受到西方教育思想的影响，学校体育也在向西方体育模式靠近，逐渐将体育活动带进课堂。明治维新中后期、"二战"期间，由于战争需要，日本学校体育的教学目标由"保持健康"转变为大力培养打仗所需的士兵。在1938年以后，日本文部科学省陆续颁布文件，明确指出"运动"的主要目标就是"军工生产"和"国防训练"。例如，1944年5月1日，日本文部科学省在《关于校园体育的实施方策》指出，将体育锻炼与国防训练相结合，确立有助于增强防控战斗力的新体育道路。"二战"以后，日本开始在政治、经济、文化、社会方面进行全面改革，短期内实现快速恢复，其中，体育教育方面进行了"民主"改革。文部科学省在1945年10月颁布文件，禁止了日本各级学校以军事训练为目的的剑道和槍道活动的开展，同时其他的武道项目也被遏制。1946年美国教育使团访日交流时建议，应给予大学生充分的体育活动时间，在体育课程中纳入营养、生理、公共卫生的教学内容，还要将课余体育休闲也添加进去。两年后，日本颁布实施《学校教育法》、《日本教育基本法》，法律中规定文部科学省是国家体育行政的最高领导机构，学校体育纲领性文件的制定等由其下设的学校体育研究委员会负责。经此数年一系列的改革，日本学校体育全面发展，大学的必修体育保健课程变为选修课程。日本在1985年的临时教育审议会中提出，大学体育应该是课堂教学与课外活动以及社会体育实践的结合，而不仅仅拘泥于保健体育课的学分和是否必修上，要设计具有多元结构的大学体育课堂。

#### （二）二十一世纪日本大学体育第二课堂

进入到21世纪，日本相继发布多部体育法规，结合互联网的时代特征引导着体育教育向科学化、规模化发展，日本大学体育课程在改革的道路上与时俱进、推陈出新，高校学生的体质健康日趋良好。

1991年，日本大学审议会向文部科学省提出《关于大学教育改革》的报告日本政府根据报告内容对大学体育教育改革内容提出了修订，并设置了一系列新的体育课程标准。日本大学又于同年7月正式施行新的体育课程标准，其中还规定了各大学有相对的自主权，可自行设置课程标准，即以往作为必修课的保健体育课不再是硬性要求，大学生的毕业情况也不再受限于是否修完相对应的体育课学分。此后，日本大学的公共体育课程更加注重教养教育，强调以培养适应当今世界发展的人才为目标，体育课程改革因此也随之发生了变化，日本大学教育的改革不断深入。体育课程的比重在日本的体育教育改革中不断被增加，即使是在1991年日本体育课程不再被认定为必修课程后，日本仍存在相当数量的大学将公共体育课程定为必修课且学制为1-3年。日本大学生通常被要求在大一、大二期间修完一定学分的必修体育保健课，如关西大学要求学生必须修满四个体育保健课程的学分，除了必修的体育保健课程之外，日本学校的课外体育活动主要有必修体育俱乐部活动和自由体育俱乐部活动两种类型。必修体育俱乐部聚焦于全面发展学生的综合素质和能力，该俱乐部不囿于体育，除了学校规定的相应内容外，学生可在艺术、体育和科学三个项目中任选一项进行参与。自由俱乐部顾名思义，限制较少，学生可不分年级、年龄、性别，根据自己的兴趣爱好，自愿参加各部的活动；活动部的组织形式一般由各部学生负责部里的工作，已参加"必修俱乐部"的学生也可同时参加"自由俱乐部"的活动。自由俱乐部较大的自由度吸引来的学生都因兴趣相投而相处融洽，成员之间互相帮助，水平高的学生对水平低的学生进行指导，在俱乐部内营造良好的氛围，增强了内部凝聚力，也提高了成员学习的主动性和积极性，在这样的环境中不仅使得个性得到发展，而且还巩固了团体意识。再者，每天保证九十分钟的运动时间，学生开展的是自身所感兴趣的运动项目，通过这种形式的锻炼很大程度上改善了日常生活中运动量和强度不足的情况，既改善了学生体质，使其掌握一定的运动技术，也在心理上获得满足，实现身心两个方面的健康发展。学生课余体育竞赛一惯由学生体育会和俱乐部组织进行，俱乐部每学期制定详尽的训练和竞赛计划并积极落实，每周至少安排4-5次体育活动，每次活动不低于120分钟，定期训练和比赛，教练由体育会负责聘请。会员缴纳的会费是俱乐部的主要经费来源，由体育俱乐部自主经营管理、自负盈亏。

日本高校体育俱乐部的管理体系相对规范和完善，可直接从俱乐部中选择优秀的体育人才代表学校参赛。此外，学校中部分体育俱乐部是社会体育俱乐部的分部，校外的体育俱乐部可为校内体育俱乐部的学生提供更多的社会体育资源，学校体育是社会体育的一部分。日本高校的课余体育提倡以人为本、终身体育，老师帮助学生使其创造力和自主性得到发展。课外体育活动必修选修兼而有之，教师参与指导监督，不同年级学生积极参与，由此可见，日本大学的课外体育活动内容较为完善。

## 二、德国

德国高校的非体育院系不开设体育必修课程，但学校鼓励大学生在课后积极参与校内外体育俱乐部的多种体育活动。因此，德国大学体育第二课堂是学生参与体育活动的主要场所，大学生的课余体育活动和竞赛的参与主要通过参加学校俱乐部和社会俱乐部来完成。

德国高校俱乐部的教育理念是"团结合作、角色分配，民主决策、协调自治"。德国高校校内既有高水平的竞技体育俱乐部，又有基层的大众运动俱乐部，这使德国学校的高水平运动训练与一般性的群众体育活动融为一体，两者相得益彰、相互促进。1816年，德国成立了第一个体育俱乐部，但德国高校体育真正的发展是二十世纪初期之后，1945年因政治因素经历了短暂的停滞，直到1948年成立了高校体育运动协会之后高校体育才又重新开始发展。俱乐部在发展过程中，慢慢形成了自由的成员资格、不依据第三方、义务参与工作、成员利益为上、民主决策五大特点。由于德国将学校体育视为社会体育不可或缺的重要存在，因此，校内体育俱乐部的场地器械、管理方式、师资力量等多方面都与社会接轨，但费用较之社会却低了不少。《支持学校体育的建议》的文件是德国体育联合会和文化部长会议在二十世纪90年代末联合签署的，该文件提出学校体育俱乐部与校外体育俱乐部合作，至此，校内体育俱乐部与社会体育俱乐部的合作在德国相继开始实施。由于体育俱乐部具有自由成员资格的特点，体育俱乐部虽然有校内和校外之分，但其实质上是与社会体育俱乐部是相辅相成、融为一体的，这已成为德国学校体育的特色。校外俱乐部体育既是学校体育的延伸和补充又完善了学校体育的发展，德国学生的课余体育由此纳入了整个社会体育的体系中。

在德国，"高校体育"由学校组织，政府和社会提供资金支持，学生自愿参加，学校组织的竞赛项目非常丰富，如科隆的校园体育所涉及的项目超过了120个。德国重视高校体育场馆的建设，将其视为现代文明的重要特征，建设时给予有力的财政支持，使得学生在参与课余体育活动时有了场地的保证。在学校的大力号召下，面对着丰富多彩的体育活动的吸引以及完备的体育场地和器材，在德国超过70%的大学生会自觉利用空余时间积极参与俱乐部组织的多种课余体育活动，并养成良好运动习惯。

### 三、英国

与中国大学强制性的必修体育课不同，英国大学早已将学生参与体育活动变为一种自觉行动。英国的学生从小学起一直到初中、大学接触、参与的运动项目都非常广泛，有足球、篮球、排球、网球、壁球、赛艇、田径、击剑、飞盘、游泳、曲棍球、橄榄球等，使得他们不仅在中小学时期就习得一定的运动技术，且在体质健康、运动基础和运动智能方面也获得了提升并养成良好运动习惯，为大学时期参与各种体育活动和训练打下基础。英国大学的课余体育参与以俱乐部和辅导班为主，俱乐部由学校体育部管理，而体育活动的开展和竞赛组织则由学生会负责。在众多的大学体育俱乐部中，学生以兴趣为导向，遵循自愿原则选择性加入。英国的大学生参与体育俱乐部人数超过了80%，俱乐部的规模大小不等，大的数百人，小的数十人，如巴斯大学的48个俱乐部中的网球俱乐部成员多达300多名。学生加入俱乐部后在闲暇时间参与活动和训练，俱乐部提供从初学者到基础水平甚至是专业水平不同层次的学习训练，满足了学生由入门到专业全过程不同阶段的需求，极大地提高了学生们体育运动的参与兴趣和参与率，且普通学生参加俱乐部均有机会进入学校的高水平运动队甚至成为更高级别的专业运动员，受到国家的重点培养。学校开设的体育辅导班是大学生除俱乐部外课余体育参与的另一重要形式，目标人群一些未参加俱乐部的初学者和体质较弱的学生，开展的项目有瑜伽、网球、有氧操等，目的在于提高学生的体制和掌握一些基本的运动技术。此外，为了保障残疾学生的体育需求和权利，部分高校专门针对残疾人开展一些项目，还设立残疾人的体育奖学金以鼓励残疾学生勇于挑战、积极参与。英国大学课余体育在俱乐部和课余辅导班相结合的模式下，辅以完善的体育设施和专业的管理团队，加之学生自小培养的良好运动习惯以及体育观念，已经成为大学生的生活常态亦或是生活方式。

## 第三节　对中国大学体育第二课堂发展的启示

### 一、知行合一，加强学生运动实践的决心

"知而不动"是当代许多大学生对于体育锻炼的真实状态，即明白"全民健身"和"终身体育"的重要性，却不懂怎么"健身"，也不知如何"终身"。体育知识的缺乏使得学生对体育运动茫然而无从下手。因此，学校应重视对学生体育知识的传授，通过开展体育讲座普及体育知识，亦或者在体育课上加强理论学习等方式，让学生了解到不同的运动能够发展身体不同的部位，以及运动的热身-运动-放松的基本步骤等，将意识中抽象的"健身"概念具体化，明确运动目标，投入体育运动实践，形成良好的运动习惯。

### 二、中西结合，开展多样化的运动项目

国外高校开展多样而具有特色的运动项目以吸引大学生积极参与体育活动，我国高校也应丰富运动项目的种类，既要拓展西方小众、新颖的体育运动项目，也要多开展类似射艺、棋术、空竹、毽球等同时兼具趣味性和运动性的中国传统体育项目，不仅能吸引学生积极参与体育活动改善体质，还可以普及体育文化、继承中国传统体育文化。

### 三、以赛事为着力点，营造校园体育文化

在校园内举办多种不同级别的赛事，使观赛的学生直观的感受到体育运动的魅力从而投身进去。学校还应通过不同的宣传方式展示比赛信息和成果，打造亮眼的校园体育明星，营造良好的校园体育文化，增强学生的自豪感，让学生受到感染，激发兴趣、点燃其对体育运动的热情。

## 四、完善设施改善环境

多样化运动项目的开展和不同规格赛事的举办都要完备的体育设施做支撑，中国高校在面临学生人均体育场地面积不足的情况下应加大体育经费的投入，完善体育设施建设，改善体育活动环境。普通高校也可租赁体育场馆举办赛事，缓解人均体育场地面积不足的窘境，增加学校体育场馆对学生的开放时间，提高场馆利用率，使得学生能够自由选择时间进行体育锻炼。学校还应鼓励学生充分利用现有的场地、器材等体育资源开展各种体育活动。

## 五、专业老师参与指导

大学体育第二课堂的体育教师的"缺位"需要被给予重视，学校应填补空缺。专业体育教师参与到体育活动中，一方面能指导学生以科学的方式进行体育锻炼，安全监督预防损伤；另一方面，在专业老师的指导下学生的运动水平的提高相对较快，学生获得成就感，以更为积极的态度继续参与，同时，体育教师在运动中的鼓励和引导都有助于学生培养良好的运动习惯，并培养出"终身体育"的意识。

## 六、给予少数群体关注

普通高校在建设大学体育第二课堂时，不仅要向大多数的普通学生，也应该重点照顾残疾学生、体弱学生、少数民族学生和有心理问题的学生，根据特殊群体学生的需求，开展有针对性的体育活动，如对残疾、体弱学生开展较低的体力活动项目，对少数民族则开展具本民族的传统体育项目，帮助少数民族同学加强归属感，积极参与到大学体育第二课堂的教学活动中。

**文献资料**

### 复旦大学的大学体育第二课堂体育活动

复旦大学是一所拥有百年悠久历史的名校，坐落于上海市，占地面积达244.32万平方米，合约3700余亩，其中建筑面积占200.20万平方米，其广阔的土地资源为各类课外体育活动的兴盛提供了必要条件。

复旦大学体育部强制要求学生每学期参与一定次数的课外体育锻炼，必锻项目包括：

1.晨跑，每学期最低12次；

2.中长跑，每学期最低6次；

3.立定跳远，每学期最低2次；

4.引体向上或屈臂悬垂（男生），仰卧起坐（女生），每学期最低2次；

5.选锻项目（包括乒乓、网球、篮球等），每学期最低6次；

为确保学生落实到位，学校采取刷校园一卡通方式考勤，每天最多可刷卡3次（即早操1次，下午锻炼1次，晚上锻炼1次），同一时段重复刷卡只记录1次。学期考勤总次数为28次，未满28次则在体育课得分中扣除，每缺一次扣1分。

复旦大学同时举办了众多体育赛事：

1.乐跑赛：一项由复旦大学举办，复旦各学院老师和学生共同参与的长跑赛事，比赛在复旦大学主校区邯郸校区举办，分为竞技性的10公里跑和健康乐跑的3.3公里跑，参与人数众多，举办规模较为盛大。2020年11月举办的第六届乐跑赛，参与人数为1330人，诠释了赛事主题"乐跑复旦，乐活人生"。

2."书院杯"体质健康测试挑战赛：男生有50米、引体向上、立定跳远、1000米项目，女生有50米、仰卧起坐、立定跳远、800米项目。全体本科生（留学生除外）都要参加。2020年的挑战赛和体质健康标准测试合二为一，部分体测项目采取挑战赛的方式进行，比赛所有项目均为一次性决赛。设有个人奖：（1）个人单项冠军。（2）个人全能冠军。集体奖：（1）男子团体冠军。即：成绩最优秀的院（系）男子团体。（2）女子团体冠军。即：成绩最优秀的院（系）女子团体。（3）院系团体冠军。即：成绩最优秀的院（系）团体。（4）"书院杯"冠军。即：成绩最优秀的书院。

3.趣味运动会：包括团体趣味赛项目：蒙眼接力、运乒乓球接力、拔河、丢沙包以及个人趣味赛项目：跳绳、小李飞镖、你画我猜、传声筒、投壶、夹弹珠、谁是卧底。团体项目以班级为单位报名，每队8人。

# 第四章　大学体育第二课堂的SWOT分析

## 第一节　SWOT分析法

SWOT 分析是一种企业战略分析方法，也被称作SWOT 分析法。SWOT是由优势（strength）、劣势（weakness）、机遇（opportunity）和威胁（threat）四个英文单词的第一个大写字母所组合的合成单词。相关文献中也将SWOT 分析法称为"道斯矩阵"，即研究中常见的"态势分析法"。SWOT 分析法，是营销学领域中的主要分析模式之一，通过调查找出组织所面临的优势（strength）、劣势（weakness）、机遇（opportunity）和威胁（threat）四个情形，并根据四个因素，综合分析确定组织的发展战略，最大限度利用组织的内部优势和机遇，同时将企业面临的劣势与威胁降低到最低程度。通过调查将组织面临的因素列举出来，按照矩阵的形式排列，采用系统分析架构，将列举出来的各种因素相互匹配，经过分析得出相应的结论。采用SWOT分析法，能够对组织所处的情景进行全面、准确、系统、深入的研究，从而根据研究结论制定符合组织发展的战略和相应的对策，使发展策略更加明确，发展策略更加全面和系统。

2001年学者严振昌指出，SWOT分析法的三个特征：一是采用系统分析的思想；二是侧重于过去、现在和未来的全部数据；三是确定组织的发展战略和策略性选择具有潜在影响的趋势。SWOT分析法在组织制定策略中是极其重要的环节，组织的发展战略事关组织发展方向和目标。学者方至以个案为研究对象，提出SWOT分析法中四个因素的实践介绍：

### 一、优势（strength）

"优势"着重于组织内部环境，是企业或组织本身所具备的核心竞争优势。

当一个组织或企业具有一项或多项明显优势时，或者在某一领域内具有领先地位时，在制定发展战略时，首先应当保持领先优势，扩大领先差距。其中重要的原因是，虽然技术具有专利性，但是市场是开放的，存在合作互利的模式，其当前的竞争优势也会因为竞争者的模仿学习和进步，领先而优势会缩小，甚至是消失。因此，拥有优势的企业或者组织应当适时调整发展战略，设法保持领先地位，并在竞争中维持与竞争者们之间的距离。其次，应充分发挥自身所拥有的资源的优势，进而创造出新的优势。

## 二、劣势（Weakness）

所谓"劣势"表示企业或者组织的内部环境，是企业或者组织在竞争中所体现出来的较弱态势的部分。

当企业或者组织某些能力是劣势，或者其资源处于劣势时，在选择发展战略时，应当寻找最优化、最匹配的替代方案，该做法的前提是企业或者组织具有备选方案；其次，应当将劣势转化为竞争中的非关键因素，从而削弱"劣势"对企业或组织的影响；最后，利用"优势互补"的原则，积极寻求合作伙伴，弥补弱势，进而消除"劣势"因素对企业或组织的限制。

## 三、机会（opportunity）

所谓"机会"着重于组织或企业的外部环境，在有利条件下有助于企业发得更好的机会。

当企业或组织在遇到有利于发展的外部环境时，应合理把握发展机遇，进一步扩大领先优势。尤其是在竞争激烈的信息时代，资讯繁多，且传播速度快，对于企业和组织来讲，机会稍纵即逝，机遇更是千载难逢，因此组织或企业应当充分利用自身优势，通过各种方式掌控和运用有利于组织发展的外部环境。

## 四、威胁（Threat）

"威胁"是指组织或企业的外部环境，在不利于条件下阻碍组织或者企业发展的境地，同时也包含了竞争者的发展动态。

当组织或企业在遭遇外在威胁时，应主动采取措施，设法规避风险，消除威胁因素，将外部环境可能造成的负面影响降到可控范围内，并竭力改善不利于企业或组织的发展因素，控制"威胁"因素对企业或组织的影响和破坏的程度，使其降到最小甚至是消除。

通常情况下，企业或组织进行发展战略规划时大部分采用SWOT分析法。该分析法的策略分析架构来源于企业管理中的策略管理，其主要功能在于协助企业或者组织进行策略抉择、解释内外部环境和评估发展潜力。目前，SWOT 分析法已经广泛应用于经济学、市场营销学和广告学领域。伴随着我国经济和体育事业体制不断发展，其中体育行政管理的范围对象逐步扩展，体育组织的规模逐年增大，SWOT分析法逐渐得到认可，研究者运用 SWOT 分析法对竞技体育管理、体育社会组织、俱乐部管理和体育旅游等方面进行分析研究。由上可知，SWOT分析法在体育领域的研究相对成熟，自成一体。对处于环境变化的事物来说，采用SWOT分析法具有较强的实践价值和独特的优势，以优势、劣势、机遇和威胁为着眼点，结合社会发展和体育变革的大背景，通过动态发展的思维，综合考虑相关因素，有利于更好的描述体育现象，更深刻解释社会学问题。

## 第二节　大学体育第二课堂的优势（strength）分析

大学体育第二课堂的优势是指普通高校的组织内环境，是开展大学体育第二课堂所具备的优点特征部分。

### 一、普通高校建立了完善的运行体制

普通高校为了更好的开展大学体育第二课堂教学活动，引导大学生积极参与参与第二课堂教学，普通高校的体育部门主管领导应当整合并优化组织内外资源，建立了明确的管理制度。例如，普通高校在注重学生体育教学的工作同时，将大学体育第二课堂教学活动融入到大学体育教学培养的范畴之中，帮助大学生正确认识大学体育第二课堂的重要性，提高大学体育第二课堂教学活动互动认知能力。部分普通高校明确规定每学期组织举办一次大学生课外体育活动，体育运动项目的竞赛活动、夏令营或者冬令营、运动队的野外拉练等均可以作为大学生体育第二课堂开展中的内容。在相关规章制度的指引下，普通高校相继成立了职

能部门保证政策落地，确保大学体育第二课堂教学活动顺利进行。科学、健全的运行体系对现有的大学体育教育具有明显的促进作用，并且对传统的第一课堂教学提出了新的挑战。广东省普通高校在大学体育第二课堂的运动体系上采用了较为独特的教学模式：即"双中心"大学体育第二课堂教学模式。该"双中心"的体育教学模式是指开展大学生体育课堂教学中，为了提高大学生体育实践能力而构建的新型大学体育教学模式。顾名思义，"双中心"就是指两个体育课堂教学中心。一个是校内的大学体育第二课堂教学中心，另一个是校外大学体育第二课堂教学活动中心。两个"中心"的体育教学运动机制相同，作用一致，为大学生体育第二课堂开展提供场地设施等基础保障，能够让大学生在不同场域感受体育第二课堂的教育意义。

## 二、场馆环境设施优势

大学体育第二课堂的开展基本利用大学体育教学训练场地，其场馆设施能够满足第二课堂教学活动所需要。高校体育场馆设施的有效利用符合新时代高校发展的要求，契合"体教融合"的时代精神，能够得到国家政策法规的保证，也是普通高校体育场馆建设，实现自我发展的需要。体育场馆设施往往坐落于校园中比较便利的位置，基本成为高校的标志性建筑，有利于吸引学生参与体育第二课堂的教学活动中。体育场馆的周边环境相对安全、安静，拥有比较舒适的运动氛围。参与体育锻炼的群体以学生和教工为主，其综合素质相对较高。普通高校新建体育馆基本参照承办综合比赛的标准建立，体育馆内部多为两层以上的构造，并拥有篮球、排球、羽毛球场地，四周的场馆基本设置为场地规格较小的乒乓球、体操类的训练场馆，其硬件和软件设备较为先进。普通高校的体育场馆虽然没有专业的运营团队，但是体育教师和物业管理公司专业人员经过培训后能成为体育专业人才，是高校体育场馆设施有效发展的人才保证。

大部分高校的体育场馆无偿面向学生和教工开放，极大推动了大学体育第二课堂的发展。大学生在文化学习之余，其体育兴趣和动机更加多样化，对于未来社会主义事业建设的需求也更加符合，而大学生在生活的职业志向，包括大学生自身所具有的抱负逐渐发展成为普通高校开展课外体育活动的动力。在环境优美、设施齐全的运动场馆内，进行体育锻炼无疑是一件令人感到惬意的事情。

### 三、校园体育文化的独特育人功能

2021年1月人民日报发表武汉大学副校长关于体育育人的评论。目前体育只重视强身健体的功能，而忽略了育人功能。新时代，学校体育应当充分挖掘体育的育人功能，发挥文化育人功能。大学体育第二课堂的内容丰富多彩，组织形式各种各样，精神和物质文化相得益彰，自然孕育出校园体育文化。例如，普通高等院校每年固定举办一次大学生体育文化艺术节，从组织形式上看，每个学校各具特色，充分体现了大学体育第二课堂教学特点。同时各类体育竞赛活动能够丰富和推动普通高校校园体育文化建设，引领当代大学生展现出自身体育爱好，进而提高其体育运动能力，并且丰富其大学课余文化生活，培养其积极投身于体育课外活动的良好兴趣习惯。普通高校每年有计划地、有目的地组织一次体育竞赛活动，能够将本校的体育活动举办成集体育竞技、健身娱乐、文化育人等为一体的全方位、综合型校园体育文化艺术节。在大学体育第二课堂教学活动中，高校采取各种措施，科学设置各类体育竞赛项目，促使更多大学生参与到大学体育第二课堂的教学之中，从而培养大学生全面发展的人格，身心健康的体魄。大学体育第二课堂的运动队建设，能够为学校增添荣耀，扩大影响力，树立运动榜样，打造精神标杆。以普通高校的高水平运动队建设为例，运动队的竞赛训练是在学校体育教学和课外体育活动的基础上，为提高学校运动技术水平，推动学校体育的发展，在课余时间里对具有一定体育特长的学生进行的训练过程。高水平运动甚至是普通运动队会参加各级比赛，为站上领奖台在平日的训练里十年如一日地刻苦踏实训练。高水平运动队队员时时刻刻在校园里诠释着体育精神，弘扬着校园体育文化。

### 四、大学生对健康身心的内在需求

大学时期是大学生的世界观、人生观和价值观形成和发展的重要时期，是健全人格的关键时期。相比作业繁重，升学压力较大的高中来讲，大学求学时期学生的余暇时间相对充裕，是由小学、中学时期的被动学习向主动学习的一个转变。在专业知识的学习之外，规划充裕的时间培养大学生的兴趣和爱好，促进大学生能力发展和综合素质的全面提升，将当代大学生培养成为一名一专多能的社会有用人才，成为大学教育的核心工作内容。

　　大学生对健康身心的内在需求首先体现在提高身体素质上，并且对参与运动队的归属感有强烈的需求。当前大学生进行体育第二课堂的教学活动时，主要的锻炼方式是个人锻炼或朋友、同学组队锻炼。大学生通过这种锻炼方式参与大学体育第二课堂的重要原因是校、院、系等之间合作开展团队运动项目较少，无法给大学生创造更多的交流机会。各普通高校的学生交流互动的机会偏少、普通高校之间的体育组织缺乏联系、第二课堂的组织形式不够丰富成为当前广东省大学生体育第二课堂的基本现状。大学生对体育第二课堂的需求基本目的是为了增强他们的体质，做到愉悦身心，而体育第二课堂克服了大学体育第一课堂的不足和弊端，不仅能够实现对于学生身体的锻炼，还能够培养学生终身锻炼的意识，对于学生的身心发展来说都是非常有利的。另外，普通高校考虑到大学生课余时间比较充裕的因素，开设多种第二课堂组织形式，对于促进学生的身体健康有着重要的意义。其次体现在通过体育锻炼能够享受体育的乐趣，领悟到体育精神。如大学体育第二课堂的体育俱乐部组织形式。大学生可以根据各自的兴趣爱好等需求自愿加入俱乐部，参加符合自己特长，和要求的体育锻炼活动。其中有一部分是以休闲娱乐为目的，还有一部分则是为了提高技术水平的。俱乐部有组织，有管理，有专人指导，有经费支持，具有一定导向性。对学生个人心理发育有着正面影响，能舒缓压力，减少焦虑、失落等情绪。比如，学校运动会以及班级体育联赛，运动会是学校内部自行组织的，以年级、班级为单位进行的竞赛活动。其竞赛形式一般由多个运动项目组成，并在同一时段进行。大学体育第二课堂中最常见的组织形式是举办学校田径运动会，或者是篮球、排球、足球及田径等多个项目组成的综合性体育运动会。在"教会、勤练、常赛"的理念指导下，学校的班级体育联赛也是大学体育第二课堂中较为普遍采用的组织形式，班级、年级体育比赛是一种有效促进学校体育发展的手段，它不仅能提高学生参与锻炼的积极性，对体育教学和课外活动也是一种很好的促进和检验，同时，能培养学生集体主义精神和团队荣誉感。最后，由于大学生具有自主学习的能力，因此对体育资讯有较强的需求。大学体育第二课堂不但可以满足学生提高身体素质的需求，还可以为大学生提供一个属于个人的体育锻炼平台，最重要的是还能够为大学生提供优质体育信息资源，并培养学生甄别体育信息的能力。所谓"体育信息资源"是指能够对于大学生锻炼强健体魄、培养良好意志品质、提高运动技能和保持良好身体形态等都具有理论指导作用的信息资源，同时还能满足大学生体育鉴赏、调节情绪和缓解压力等作用。由于对身体素质和体育精神的需求是大学生较为基础的需求，对体育信息的需求是现代社会信息社会发展的必然结果。随着社会生活的节奏加快，大学生对健康要求的不断提升，普通高校对体育的重视程度提高，信息时代网络的传递速度增快，促使大学生形成了一种良好的体育生活方式，同时对体育信息资源的关注和需求也有较大程度的提高。

## 第三节　大学体育第二课堂的劣势（Weakness）分析

大学体育第二课堂的劣势表示普通高校体育组织的内部环境，是开展大学体育第二课堂在与其他课程活动相比所体现出来的较弱态势的部分。

### 一、组织开展的内容较多，但形式一般

通过对比美国高校体育第二课堂的开展内容和组织形式。美国大学体育第二课堂的主要形式是体育俱乐部教学。俱乐部主要开展越野跑、体育游戏、游泳、橄榄球、高尔夫球、篮球、排球、摔跤、曲棍球、自行车、网球、足球、民间舞蹈和登山运动等运动项目，大学生可根据兴趣爱好来选择相应的活动内容，并且受当地环境影响，一些地方野营、射击、垂钓相当普及，冬季又流行滑雪和冰上运动，夏季则是游泳和水上运动。而国内高校体育第二课堂的组织与内容就略有不同，篮球、足球、乒乓球、羽毛球、网球、排球这类运动项目参与较多，并且目前除了一些篮球、足球的传统项目外，健身操、形体训练、网球、跆拳道等当今社会比较流行的体育项目因为需要专门的运动场管和教师指导以及一定的费用，使得学生在项目的选择上不能完全符合自己的兴趣。运动项目开设单一是一个不利因素，同时组织形式也成为大学体育第二课堂开展的劣势因素。目前我国的普通高校基本是公办性质，主要办学经费来自政府拨款，经费相对于民办学校比较充足。受到政府办学的体制限制，大学体育第二课堂的组织管理形式相对封闭，赛事组织不够灵活，校运会组织形式陈旧、缺少创新，运动队竞赛表演没能形成市场化，严重阻碍了大学体育第二课堂竞赛活动发展。

## 二、宣传的力度不够

大学体育第二课堂的宣传主体是建设体育第二课堂的发起者，是宣传体育的领导者，是影响宣传效果的重要因素。普通高校确定体育宣传主体，明确主体责任，对于提高体育宣传效益具有重要意义。学校体育的宣传工作不应该全部让体育部门承担，应当成为学校宣传部门的工作。电台广播、网络电视、报刊杂志等大众传播机构都拥有专业的人才和强大的宣传平台，在"眼球经济"的推动下，竞争激烈的媒体为了生存和发展，各路媒体纷纷报道的焦点转向体育新闻，提高了体育的宣传力度和影响力。然而，媒体对校园体育的关注甚少，对体育精神的挖掘甚少，对大学体育第二课堂的报道甚少。再者，学生也是体育宣传的对象，甚至是主体，大部分学生还是对体育方面的认识有些淡薄、肤浅。因此，大学体育第二课堂宣传力度不够，不仅需要广大的体育教师来做好体育活动宣传工作，还要从学校的各方面来积极宣传，利用好校内网络、公众号、宣传栏等各种宣传媒介和手段，广泛传播健康理念。

## 三、缺乏吸引力

大学体育第二课堂的发展方向应该注重普及性和趣味化，应该充分开展各种智力和体力相结合的体育活动。当今社会大学生身体素质普遍低下，与该年龄段缩影表现出的身体状况存在较大的差异。青年阶段是人体生命力最旺盛的阶段，身体各项指标均达到鼎盛，所以不论是精神还是机体都应该表现为活力和生命力，通过体测数据显示，大多数高校国家学生健康测试的优良率仅为10%，绝大多数的大学生身体素质处于及格状态，达到优秀的更是微乎其微。

部分参与体育教学的大学生认为体育教学枯燥无味、学习的动力不足，进而表现出意志力浅薄等问题。通常情形下，大学生基本没有自身喜欢的运动项目，进行体育锻炼时怕出汗、上课无精打采等。多年来，在应试教育的困扰下，分数和升学率成为了学校的最高目标，学校体育也没有发挥出应有的作用，学校、老师、家长都会让体育锻炼为学习"让道"，其最终的结果就是在中小学阶段，学生最渴望体育运动的阶段不能参加。到了大学有了足够的时间，却没有培养出体育锻炼的兴趣而不喜欢参加。

### 四、学习和锻炼的时间冲突

大学生为了取得竞赛的优异成绩，系统、持续的参加学校运动队训练，提高运动技术水平。即使是参加大学体育第二课堂其它教学活动，都需要进行大量的、反复的体育训练。与此同时，大学生的主要任务还是学习，其空余时间就相对较少。当大学生面临"学习"与"训练"的矛盾时，大部分大学生会选择放弃体育运动锻炼的机会，选择学习，因为学习成绩好坏事关评奖学金、研究生保送等事宜。因此，大学生不能分配时间参与大学体育第二课堂教学活动，导致大学生有些课外时间不适合体育锻炼，而在真正适合参与大学体育第二课堂的时间段却要去教室上课，根本无法系统的实施在课外活动时间锻炼的要求。

再者，随着大学教育的普及，大学毕业后面临着严峻的就业危机，为了在竞争中获得更大的资本，考研究生成了必由之路，所以需要花费大量时间来实施的身体锻炼就再次被牺牲掉了，以上因素再次成为阻碍大学生参与大学体育第二课堂教学训练的重要因素。

### 五、认知和行动方面有很大的脱节

随着我国教育体制改革的逐渐深入，高校体育活动教学受关注程度越来越高，但对在校学生进行调查了解后，发现他们缺乏健身意识，对课外体育活动锻炼不感兴趣，这与高校体育教学者的设想存在较大的差距。对某高校100名在校学生进行调查问卷，发现仅有28人参加过学校规定外的体育活动，关于课外体育锻炼知识了解少之又少，说明高校体育课教学对课外活动重视程度不够，没有及时向学生宣传课外体育活动对身体素质发展的重要性，体育课外活动应该引起高校体育教育部门高度重视，逐步将参加体育课外活动培养成学生自觉的体育行为习惯。

大学生们一方面都知道体育锻炼的重要性，也能在体育锻炼中得到很多的收获，并对各种有关体育锻炼的道理非常认同。另一方面，要落实到实际行动中却有很大的惰性，本来人就是有点惰性的，更何况是面对要出力流汗的体育锻炼，这点在肥胖学生身上会体现的尤为突出。

## 六、体育师资和体育设施有待提高

根据调查结果显示，高校体育教师及教练员运动等级参差不齐，拥有国家二级运动员及以上运动经历的体育教师和教练员比较少。多数体育教师或运动队教练员毕业于体育院校或者综合性大学体育院系。在调查中发现，有些高校为了解决在编体育教师的就业问题，则聘用了一些非体育专业毕业的教师，担任大学体育第二课堂的教学活动。虽然经过岗位培训，但是因其缺乏实践经验，在大学体育第二课堂教学中往往显得被动，遇到突发情况时则毫无解决办法。同时还发现：研究生学历的体育教师较为普遍，但是某些高校受制于编制问题，则通过外聘的方式解决师资力量薄弱的问题，采用这种措施诚然能够短期内提升体育师资力量，但是由于外聘体育教师的归属感不强，势必会影响到教学效果。长远来看，这种做法不利于大学体育第二课堂教学活动的开展。

调查中普遍反应体育场馆设施很难适应开展大学体育第二课堂教学活动。普通高校在设置场地器材上，不能以只上体育课的标准来配置场地器材。在每天课外活动时间这么一个短的时间段内，同时满足全校学生的使用需求。并且有部分学校在课外活动时间段上还有体育课的安排，要占用一部分的场地，仅仅就这点分析，因为要挤在同一个时间段里来使用运动场地器材，会导致场地器材严重不足。

## 七、缺乏校园体育文化支撑

校园体育文化是以学生为主体的，以课外文化活动为主要内容，以校园精神为特征的一种群体文化。能够有助于营造浓厚的校园体育文化氛围，大学生不仅需要课堂学习，还需要发展自己的兴趣爱好，课外体育恰好满足他们这些需要。因此，丰富多彩的课外体育活动，创造出校园体育文化的多样性，营造浓厚的校园体育文化氛围，为满足大学生的需求提供一个广阔的空间和适宜的环境。反之，一个学校如果没有良好的体育文化，那么大部分的学生是不会主动的发展其兴趣爱好。通过调查显示，大学校园体育文化普遍尚未建立，创建校园体育文化仍然处于初级阶段，校园物质文化初见端倪，但是未能统筹管理，高校体育管理部门对于校园体育文化的认识也不够全面、深入，基本停留在确立体育口号、规划校园发展方向和凝练体育部门价值观等层面。

## 第四节 大学体育第二课堂的机会（Opportunity）分析

大学体育第二课堂的"机会"主要是指大学体育组织的外部环境，为大学体育第二课堂提供发展的有利条件。

### 一、国家元首高度重视学校体育工作

习近平总书记自幼热爱体育，经常参与体育活动。青年时期的习近平接受了学校教育中的体育教育，这为习近平学校体育思想形成奠定了坚实基础。新时代，我国学校体育的发展处于新的历史时期，学校体育更加注重育人价值。

学校体育思想在共产党领导人治国理政方略中占有极其重要的地位。自1848年，马克思在《共产党宣言》中指出："体育工作的基本目的是促进体育事业和谐、全面发展，坚持"体、智、劳"协调发展，进而促进人的全面发展。"1920年，列宁提出"精神生活"、"学习"、"研究"和"健身运动"可以同时进行，这是对学校体育的充分肯定，也成为学校教育中"德、智、体"全面发展的理论来源。青年时期的毛泽东就深刻意识到体育的重要性，并指出小学、中学及中学以上学校体育发展的重要意义，其发表的《体育之研究》一文中有充分论证。建国伊始，毛泽东高度重视学生的健康状况，指示当时的教育部部长需树立"学生健康第一，学习第二"的教育方针。1974年，邓小平谈到学校体育工作时，反复强调："足球搞上去，必须从娃娃抓起"。邓小平特别重视体育对青少年身心健康的良好作用，并指示做好学生体质健康的调查研究工作，并且要形成相应的制度。江泽民同志将体育工作与国家强盛、民族进步密切联系起来。2006年，胡锦涛强调，"全面实施素质教育，核心是要解决好培养什么人、怎样培养人的重大问题，这应该成为教育工作的主题"。温家宝在教育工作会议上指出，学校体育工作是培养青少年强健体魄、健康心理、坚强意志和昂扬精神的切入口。

习近平同志多次深入基层学校考察调研，出席体育大会和教育大会并发表重要讲话，亲自接见体育和学校体育工作者，以实际行动践行学校体育思想。因

此，习近平不断继承和发扬共产党人的体育思想，是中国共产党人和人民体育实践与集体智慧的结晶，是引领中国学校体育发展的重要指南和行动纲领。

自十八大以来，以习近平为核心的党中央高度重视学校体育，特别是习近平同志在不同场合对学校体育发展做出了重要论述和批示，重要的指示和话语均包含了习近平学校体育思想的精髓。在2020年制定实施的《中华人民共和国国民经济和社会发展第十四个五年规划和2035年远景目标纲要》中，共出现14次"体育"、1次"文体"、3次"运动"、5次"健身"等涉及体育内容的关键词，其中第四十四章第五节—建设体育国强，历年规划中尚属首次。

## 二、学校体育的战略地位

在很长一段时间内，无论是体育主管领导，还是学界研究人员都简单地将中国体育事业粗暴的划分为：竞技体育、群众体育和体育产业，并自豪地将其称之为中国体育事业的"三驾马车"。上述行为忽略了学校体育的应有价值，无视学校体育的存在，贬低了学校体育重要的战略地位，阻碍了学校体育的健康发展，成为中华民族复兴的拦路虎。

实际上，学校体育是提升体育综合实力的重要途径，是实现体育强国的基础保证。随着竞技体校和业余体校日渐减少，学校已成为青少年体育教育的主要场所，学校体育承担着培养健康学生的重任。同时，在学校教育中，具有运动天赋、竞技能力优异的学生也是竞技体育后备人才。同样校园也是体育文化传承和发展的重要场域，学生在校园体育文化中享受体育的乐趣，感受体育的魅力，锻炼身体，强健体魄；体育教师则利用专业知识，学习、创造、传播和发扬体育文化。

以习近平为核心的党中央，在十八届三中全会明确提出学校体育的战略地位，指出："强化体育课和课外锻炼，促进青少年身心健康、体魄强健"。2016年以来，党和国家政府连续印发《"十三五"体育发展规划》、《关于强化学校体育促进学生身心健康全面发展的意见》、《关于进一步加强学校体育工作的若干意见》、《国家学生体质健康标准》和《高等学校体育工作基本标准》等文件，将学校体育视为"立德树人"的主要渠道，并纳入全民健身计划和体育产业发展战略之中，并要求建立学校体育评估指标体系，完善考核制度改革体系，将学校体育发展全面融入教育改革和经济社会发展战略中。

2018年9月，习近平在全国教育大会提出"享受乐趣、增强体质、健全人格、锤炼意志"四位一体的学校体育的目标，为学校体育指明了发展方向，充分诠释了学校体育的基本内涵。学校体育不仅仅是为了锻炼身体，提高身体素质，还承载着健全人格、锤炼意志品质。这样的一个思想、意识形态是承载着思想道德修养和振奋民族精神的基础性工程。总而言之，青少年的健康成长关乎国家和民族的未来，具有重要的战略意义。

### 三、体育强国战略下的校园体育

建设体育强国，不仅仅是体育局长的职责，也应该是教育部部长的责任，更应当成为各个学校校长和千百万学校体育工作者的分内之事。学校体育工作的成功与否事关青少年体质健康水平的高低。学校体育借助"三大球"发力，采用"足球"进校园策略，服务体育强国战略，是习近平学校体育思想的重要内涵之一。"三大球"是指篮球、排球和足球。2014年8月，习近平到南京青奥会运动村看望运动员和教练员时指出："三大球"要搞上去，这是一个体育强国的标志。"三大球"之所以在学校体育的育人过程中具有不可替代的作用，是因为篮球、排球和足球运动是具有理性的对抗和周密的团结协作的集体项目，是我国群众性基础最好的运动项目。当前，校园足球的示范引领作用效果初现，也带动了校园篮球和排球等项目的发展。学校体育始终坚持"立德树人"的根本任务、把发展"三大球"作为促进学生全面发展、身心健康的有效途径，从而促进学校体育改革，培养中国"三大球"后备人才，夯实群众体育基础，全力推进体育强国建设。

### 四、青少年体质健康是实现中国梦的根基

清朝末年，西方国家侮辱国人为"东亚病夫"，这反映出国人羸弱的体质和萎靡的精神状态，而缺乏体育锻炼正是造成国人体质健康差的重要原因。自建国以来，我国青少年体质健康状况持续下降。虽然自2017年以来，我国青少年身体健康水平有所提高，但是青少年参与体育课和课外活动时间不能保证、师资和场地设施十分缺乏、社会支持不够等问题依然存在，青少年体质健康状况问题未

能从根本上得到妥善解决。

党和政府高度重视青少年的健康状况。2014年，习近平同奥委会主席巴赫交谈时，他指出，中国的体育事业"要分类指导，从娃娃抓起，扎扎实实提高竞技体育水平，持之以恒开展群众体育，不断由体育大国向体育强国迈进"。总书记多次看望青少年冰球、滑雪运动员和校园内踢足球的孩子们。2016年，国家颁布的《"健康中国2030"规划纲要》中明确规定：青少年要熟练掌握1项运动技能，每天锻炼不得少于1小时，到2030年，学校体育配套设施达标率达到100%。2019年6月18日，习近平总书记给北京体育大学2016级研究生冠军班全体学生的回信，充分体现出总书记对青年学生的关心，也对体育工作提出了新的期望与要求。

青少年时期正是学生在校园内学知识、长身体的快速发育阶段。大学生的身体健康状况关系到民族复兴之大计。在十九大报告中将"青少年"置于新时代中国特色社会主义发展之中，明晰了"少年强、青年强与中国强"、"体育强国梦与中国梦"的辩证关系，引导青少年参与体育运动，强健体魄、锤炼意志，凝聚和焕发青春力量，实现民族伟大复兴，助推"中国梦"的实现。

# 第五节　大学体育第二课堂的威胁（Threat）分析

大学体育第二课堂的威胁是指学校体育组织的外部环境，在不利的条件下阻碍大学体育第二课堂发展的境地，同时也包含了与大学体育第一课堂的发展动态。大学体育第二课堂应当在遇到资源短缺时，管理者应当主动采取相应措施，消除外部环境的限制因素，将威胁因素的负面影响降至最低限度，并将威胁成分减少，甚至是消除。

## 一、大学体育第二课堂的教学理念不清晰

通过对大学体育第二课堂的开展现状分析可知，多数普通高校针对学校体育工作大学生参与第二课堂的教学定位不够明确，教学理念不清晰。鉴于没有理念指引，从而使得整个第二课堂的工作实施无法得到制度保障，工作没有针对性，教学活动开展实施效果则会大打折扣。部分普通高校体育第二课堂开展了内

容相对丰富的教学活动，但是由于没有系统化的管理和清晰的教学理念，大学体育第二课堂较为凌乱，未能形成一股合力。

## 二、体育器材的短缺

各个高校对体育工作的重视程度相差较大。就现阶段而言，广东省大多数高校为大学生提供体育第二课堂的经费较少，课堂教学活动场地及器材十分紧缺。一些高职院校和民办普通院校只有少数标准体育场馆，甚至是只有室外田径场地。高校即使拥有配置相对完善的体育场馆设施，也并不是全部面向学生免费开放，个别高校规定学生在课余时间使用体育场馆要收取一定费用，虽然收费价位不高，但是会打消学生参与运动的积极性。同时，由于个别普通高校体育场地的管理者缺乏管理经验，未能及时、合理安排较为紧缺的运动器材供学生使用。在体育器材管理方面，由于管理人员不精心维护器材，造成体育设施损坏比较严重，将本来稀缺的体育锻炼器材消耗得更多，从而对学生体育课外锻炼造成不利影响。

## 三、与大学体育第一课堂无法衔接

在高校教育事业改革发展的外部环境下，普通高校的的育人观、育人机制、育人方式方法均发生了深刻变化。普通高校承担着为社会主义建设培养德、智、体、美、劳全面发展复合型人才的重任，必须高度重视大学第二课堂的作用，协调和组织大学第一课堂与第二课堂共同育人目标。作为高校体育工作的重点，应当提倡大学体育第二课堂是体育育人的主要阵地，是营造良好的校园体育文化的主要途径，然而，现实的情况是大学体育第一课堂体育教学与第二课堂未能建立起有机联系，成为威胁大学体育第二课堂开展的重要因素。要想提高大学生参与第二课堂的兴趣，要想让参与大学体育第二课堂的学生具有良好的运动技能，就应该让大学生在体育第一课堂中获得乐趣，进而得到提高。由于自发性和灵活性的特点，大学体育第二课堂都以学生自愿报名参加为前提，所以体育教师针对课堂教学重视程度就有所差异，因而使得学生体育学习的兴趣培养受到了严峻的挑战，并且大部分普通高等院校体育课程时长有限，按照教学大纲正常授课内容都勉强完成，对于大学体育第二课堂的拓展更是难以进行。

综上所述，大学是人生的一个重要过渡阶段，在学习生活之余，体育锻炼显得尤为重要。大学体育是大学教育的一个重要组成部分，在增强学生体质、增进身体健康等方面发挥了重要作用。大学体育的教学自从进行改革以来，在理论和实践两方面都已经取得了很大的成就，并且重视程度有了明显的提高，就拿中大来说，大学四年公共体育课都是存在的，其实大学四年有公体课的高校并不多，所以要适应社会不断发展进步的新情况，大学体育就要在认清教学发展现状的基础上，继续深化改革，不断创新，取得更大的发展。在构建社会主义和谐社会的进程中，大学体育对促进学生的身心健康发展有着不可替代的作用。因此我们必须在传统的教学上进行改革与创新，以科学的态度，创新的意识不断提高大学体育教学改革。一直以来，大学体育一直把"增强体质"作为教育唯一标准，但随着时代的发展和社会的进步，大学的要求也逐渐提高。新时代新背景下，大学体育不单单是增强体质，意识的培养也很重要。团队意识、健康意识和参与意识，把锻炼形成一种习惯。把"以人为本，健康第一"的理念融入到日常教学中，同时，把道德教育和体育教育结合起来，注重培养学生身心的发展。其内容需根据时代的变化和教育培养的需求而不断创新和发展，增加教学内容，增设更多的体育项目，使得学生可以根据自己的爱好来选择课程。教师应该在教学过程中加强引导，激发同学们的兴趣，是同学们兼顾自身素质和兴趣，并且可以设立一些加分或奖励增加学生们的动力驱使。

对于中国的制度，大多数的孩子都是沉迷于学习，但是教育部现在推出了《关于深化体教融合促进青少年健康发展意见》，在研究中，可以发现我国的教育体制需要有变化。教育经常讲因材施教，体育也应该因材施教、因材施练和因材施赛。因材施教，是要在学生的兴趣和学校的场地、师资等条件中找到平衡点，选定要教会的运动项目；因材施练，是要建立运动处方，根据学生体质状况，确定课余训练时练什么项目、怎么练；因材施赛，需要一个完整的学校体育教、练、赛体系，这个从顶层设计来讲是最核心的。不管是教学体系、训练体系还是竞赛体系，都要实现教体融合，把教育的资源和体育的资源全面整合。可以让大学生们丰富自己的课外生活。对于改善这种现象，国家推出的文件中提到畅通优秀退役运动员、教练员进入学校兼任、担任体育教师的渠道，探索先入职后培训，"制定在大中小学校设立专兼职教练员岗位制度"。教练师资对于完整的教学、训练、竞赛体系非常重要。将来体育教师和体育教练是两个岗位，工作内容不一样，但可以由一个人担任。既然设了教练的岗位，教练的本职工作是训练和竞赛，因此组织和参与竞赛是必要条件。设置高校体育教练员岗位和构建大学体育第二课堂是校园体育的观念革新。有了体育竞赛，会促进和引导大学生进行体育锻炼，从而自觉养成一种生活方式。

目前，广东省普通高校严格按照教育部的要求体育课是一门必须课程，对体育课程进行学分制管理，将体育第二课堂的考核办法与大学体育必修课有机结合后，参与大学体育第二课堂某种程度上来讲，参与第二课堂教学活动成为强制学习体育和体育锻炼的过程，从各个方面加强对学校体育第二课堂的重视，采用不同的管理模式，有助于取得理想的教学效果。

**文献资料**

## 体育信息资源

体育信息是我国体育事业发展过程中重要的资源，它是从与体育相关的各种实践活动中搜集、整理而来的有序集合。体育信息资源对推动我国体育事业快速发展起着积极的作用，始终贯穿于体育的各行各业，方方面面。

体育科学研究对象具有自然和社会的二重性，就其知识内容体系看，是一种二元结构：既有社会科学知识体系，又有自然科学知识体系。按照这些特征，可以确定，体育科学是一门综合科学，这也就决定了体育信息资源具有综合性和多样性。因此，体育信息资源的分类也是多种多样的。从体育科学自身内容的特点出发，体育信息资源可分为：提供体育组织进行决策管理的体育政务管理信息资源；提供科学运动训练指导的运动训练与竞赛信息资源；为体育教学和体育科学研究服务的体育教学信息资源；为大众提供娱乐休闲健身指导的群众体育信息资源；为科学运动训练提供技术保障的体育科技信息资源；为体育产业发展服务的体育市场与经济信息资源。从信息资源的表现形式来看，体育信息资源可分为：纸质体育信息资源、电子体育信息资源和多媒体体育信息资源。

# 第五章　大学体育第二课堂的重构

　　大学体育是大学教育的重要组成部分。大学生接受文化教育，在校园文化熏陶下接受文化素质教育是高等教育中非常重要的环节。普通高校要紧跟时代步伐，大学体育要牢牢抓住发展契机，积极相应国家号召，开齐开足体育课，要在"教学时数"、"课程运动项目"、"课外时间锻炼"、"运动竞赛训练"、"国家学生体测与监督"等方面以"开齐"和"开足"的标准满足新时代大学生身心健康的需求和体育强国的建设任务。"帮助学生在体育锻炼中享受乐趣，增强体质，健全人格，锤炼意志"是新时代学校体育工作的目标要求，也成为大学体育第二课堂构建的指导理念。学校的领导者和学校体育的管理者应当高度重视体育育人的价值，相互配合、齐心协力，认真思考怎样运用大学体育第二课堂这一良好的体育教育组织形式，使当代大学生在大学体育第二课堂的教学活动中不仅锻炼身体、掌握技术，更重要的是要让大学生在运动中享受到体育带来的乐趣，真正爱上体育运动。再次还要充分运用体育运动的独特教育价值，培养大学生完善的人格和坚忍的意志品质，这也是大学体育课程全面贯彻和落实高校课程思政建设政治任务，全面推进体育课程与思想政治理论课程同向同行，逐步形成大学体育课程与思想政治教育的协同效应。

　　2019年2月22日，教育部下发《教育部2019年工作要点》，其中第四条"坚决破除制约教育事业发展的体制机制障碍"中的第23条规定：深化高等教育内涵式发展，强化体育美育和国防教育。当前，大学体育第一课堂教育已经无法满足大学体育教育的需求，迫切需要新的体育教育形式来弥补其不足，共同实现体育育人的目的，"四位一体"学校体育目标的提出，恰恰是对新时代高校体育的根本要求。

# 第一节 "四位一体"学校体育指导目标

## 一、在体育锻炼中享受到乐趣

自1903年《奏定学堂章程》的颁布以来，我国学校体育经历了百余年的发展历程。伴随着社会变革和教育事业的发展，学校体育的指导思想、育人理念和课程体系等在不同时期均呈现出显著的时代特征。无论时代如何变迁，学校体育的指导思想始终围绕"育什么样的人，如何育人"这一核心目标。民国初期，中华民族迫于政治纷乱、经济萧条和列强侵略的严峻形势，积极适应军国主义教育，学校体育则主动培育具有一定军事技能的公民，逐步形成"军国民"学校体育指导思想。新中国成立后，国家高等教育部颁布了《高等学校普通体育课教材纲要》。《纲要》提出：大学体育的目的是增强学生体质，对学生进行共产主义教育，使他们更好地学习、参加生产劳动和准备保卫祖国。其培育的内容主要为基本活动能力、基本体育知识和基本技能，指导思想以"增强体育体质"为主，充分体现了体育本质的教育功能。在片面追求升学率，忽视学生身体素质的背景下，素质教育受到国家的高度重视。1999年，国务院正式颁布《关于深化教育改革，全面推进素质教育的决定》，首次提出"健康第一"的指导思想："学校教育要树立健康第一的指导思想，切实加强体育工作，使学生掌握基本的运动技能，养成坚持锻炼身体的良好习惯。"学生瑶养成坚持锻炼身体的习惯，不仅是把体育看做提高身体素质的训练，而且要培养终身体育意识，学校和体育教师应为学生创造更多的时间和空间，让学生选择喜爱的运动项目，使学生在体育锻炼中享受到乐趣，正确理解"快乐体育"。

### （一）快乐体育

"快乐体育"并非字面意思，从事体育锻炼必然付出辛勤的汗水。所谓"快乐体育"是指进行体育运动中，参与者通过体育活动的锻炼，进而体验到深层次的心理快感和成功的感受，由此激发参与者进行体育运动的自觉性和主动性。"快乐体育"的本质是在体育运动中，充分尊重参与者的主体地位，高度重视激发参与者对体育锻炼的乐趣，并将体育教学看作是一个快乐的活动，认为活动本身具有较强吸引力的。"快乐体育"重视运动快乐感的体验，以体验运动快乐感为契机激发学生自觉主动地参加运动的兴趣，并进一步通过学生参与，培养学生的终身体育的态度和能力。

"快乐体育"的思想来源于终身体育思想，起源于日本，并演变成为日本最流行的体育教学发展的新理念，从大课程观角度，大学体育第二课堂应该更具有"快乐思想"的元素。首先大学体育第二课堂从学生的乐趣入手，构建符合当代大学生身体发育特点的，设置生动活泼、多姿多彩的运动项目，创造和谐，愉快的教育氛围，从而能够充分引起大学生的情感共鸣，彻底唤醒大学生参与运动的自主性，对大学生进行系统的身心教育和人格教育。其次大学体育第二课堂强调大学生的情感、兴趣、创造力和能力培养，以体育教师快乐教学训练和以大学生快乐体育锻炼为枢纽，达成学生对体育运动主动学习的效果，愉快发展，从生理、心理和社会三个层面诠释了大学体育第二课堂的特性和整体效益。

### （二）快乐体育的设计原则

1.以学生为中心的原则

尊重学生，以学生为中心的设计原则，对于大学体育第二课堂构建具有重要意义。"建构主义"认为"以学生为中心"的快乐体育教学必须在参与体育锻炼的过程中，充分挖掘大学生的主动性和积极性，充分体现出学生的创造精神；要为大学生提供不同机会，在不同环境中应用所学体育知识和运动技能；要培养大学生能够根据自身行动的反馈信息，逐步形成对客观事物的认识和解决实际问题的能力。在构建大学体育第二课堂实施过程中，体育教师除了考虑已有的知识和技能水平外，还要考虑学生的生理和心理状况，全面了解并尊重学生，建立一种平等、民主、和谐的课堂氛围，既能做到忠于教材内容，又能做到忠于学生的一致性原则，总而言之，体育教师所做的一切都应为促进学生的有效学习，实现大学体育第二课堂的育人价值。

遵循"以学生为中心"的原则，首先要"因人制宜"，其中包括两层的含义：第一层含义是指针对不同运动项目、不同运动技能水平，设计原则的起点和目标应当有所区别；第二层含义就是针对"学生学情"的研究作为快乐体育教学一项基础性工作。虽然体育教师都知道将大学生的课堂上的表现和测试作为了解学情的信息源。但是，实际情况却是工作流于表面，未能准确判断出事情的本质。身体素质较好的学生，或者是运动技能较高的学生即使不参与体育第二课堂，其体育测试成绩或者是运动表现都优于身体素质一般，运动技能较弱的学生，该项工作就显得肤浅、粗疏，只有通过深入调查，才能弄清事实真相。

遵循"以学生为中心"的原则，其次要"因材制宜"。在进行大学体育第二课堂教学时，应当根据不同教学内容，结合学生接受的程度和不同的体育锻炼方式。对于运动基础比较差的学生，实行快乐体育教学过程中应提供比较充分的、更加直观的相关学习资料，启发学生观察、模仿、分析等，不断练习，体育教师和学生共同归纳、相互交流，促使学生掌握运动技能要领。通过分析和实践练习，与以往的运动经验进行联系，内化成个人的运动技能和组织能力。在体育教学方法的安排上，可以按照课外自主锻炼或者探究式教学方法的方式构思。

2.情意促进的原则

"情意促进"的原则是快乐体育思想中最为重要的原则之一，也是大学体育第二课堂构建中重要关注的内容。"情"是指情感和情绪，情绪主要包括学生的兴趣、好奇心、和参与体育运动的热情等，以上因素会随着"情境"和"时间"的变化而发生变动。"意"是指大学生对体育知识和技能学习的意愿和意念，其意念主要包括自信心、意志力和毅力等。"情意促进的原则"是指利用大学体育第二课堂比较独特的体育教学模式，充分挖掘和激发学生的"情商"和"动商"，通过培养大学生参与体育第二课堂的情绪，去促进大学生参与体育运动的意志品质。通过创新大学体育第二课堂的组织形式和教学设计，合理利用"情意促进"的原则，重塑大学生的个性鲜明的心理品质，调动学生参与体育第二课堂的欲望。

3.情境活动的原则

所谓"情境活动原则"是注重外部环境和体育教学历史知识与技能再现的结合。原则利用中的"情景"是指体育教师在设计大学体育第二课堂教学活动时将学生所学的体育知识和相关的真实任务情境有机联系起来，使学生能够解决在现实学习或生活中所遇到的问题，最大限度的将"学习"与"实践"联系起来。在这种"情境"之下，可以使大学生利用个人先前获得的有关经验"同化"和"融合"当前学习到的体育知识和技能，从而赋予新知识、新技能不同意义，最终能够达到对新知识、新技能的意义建构。例如，大学生在第二课堂中所学的运动技能，可以提高身心健康，有利于更好地学习和生活，同时，当运动技能达到一定高度时可以更好的应用到比赛当中取得优异成绩。在经验习得方面，参与体育运动实践的目的，也是理论应用于实践，再通过体育实践，积累组织和管理体育运动的实践，并能够通过解决现实问题为目的。原则中的"活动"是指充分利用大学体育第二课堂的"动的教育"特征，要求大学生在课堂学习中，动手、动脚、动身体，动眼、动口、动脑筋，也就是体育教师将教学内容、体育精神形态转化为教育意识形态，大学生的参与体育第二课堂的任务是在体育实践活动中经历体育知识、体育技能的"再发现"和体育精神的升华。因此，"情境活动原则"就是在大学体育第二课堂的教学活动中提供生动的、丰富的实际情境，使大学生对体育知识和技能产生意义建构。

4. 协作合作的原则

社会学和教育理学论均认为，体育运动有助于个体的社会化，有利于促进人与人之间的团结协作能力。参与体育锻炼的个体积极适应外部环境，与同伴、对手的合作和竞争中产生交互作用，这对于参与体育锻炼的大学生掌握体育知识和技能，体验体育精神起到至关重要的意义。在不同的团体学习中，体育教师主导和引领体育实践活动，参与者聚集在一起讨论和学习，交流心得，构建起学习共同体。尤其是篮球、排球和足球等集体运动项目，队员从各自角度，不同立场相互批判，相互总结经验，最后体育教师将体育学习共同体的思维、智慧和观念进行概括总结，并将其共享，以达到体育学习共同体或者体育团队完成对所学知识的意义构建。

5. 充分利用资源的原则

构建大学体育第二课堂，实施快乐体育的理念，就必须充分利用校内外各种资源。首先是充分利用人力资源。聘请校外专家优化体育师资水平，充分调动校内体育教学和主管领导的积极性。其次是充分利用物质保障资源。大学体育第二课堂的重要特点是开展体育教学活动的场域已经拓展到校外，在校外进行第二课堂教学活动时必须用到校外资源。因此，构建课堂教学时，应当采取开放的态度，吸引外部资源来支持和资助大学体育第二课堂的建设。最后是信息资源，为了支持大学生在体育第二课堂体育学习中主动探索，并完成对体育知识和运动技能的意义重建，在体育锻炼过程中，应当为学生提供各类信息资源。大学体育第二课堂中的信息来源非常广泛，如传统的媒体和资料以及各种计算机软件、教师自制的课件等等都可以成为容量巨大的体育信息资源。随着互联网技术的提高和各种新媒体软件的开发，大学生可以接触到的体育信息资源十分丰富。各种信息资源不仅可以成为体育教师用于辅助讲解和演示的资料，而且可以大学生课外自主锻炼的参考资料。但是，体育教师应当教会学生如何甄别体育信息真伪，如何利用好体育信息资源。例如，大学生学习健美操技术动作时，根据常规教学模式，简单地、机械的向学生介绍和示范，难免陷入空洞无力的技术动作传授中。如果能够组织学生从不同媒介中获取更多的相关信息资源，在大学体育第二课堂上进行小组展示或角色扮演，配合动感的音乐，规范流畅的技术动作，或者是学生可以录制自己的技术动作进行视频展示，这样既能够使学生深刻了解健美操技术动作的基本步伐、手臂动作以及音乐节奏的配合，又能激发学生学习健美操的热情，进而体验到学习健美操的乐趣，享受到运动的快乐。

**（三）"快乐体育"不是"玩乐"体育**

在"四位一体"学校目标的指引下，"快乐体育"的理念传承了终身体育和健康第一的体育思想，推动了大学体育的发展，成为构建大学体育第二课堂的显著特征。然而，"快乐体育"的实施过程中误解了"快乐"的意义，突出表现在体育课堂教学中出现了"异化"现象。弱化、甚至是取消了"体育课堂"的组织和管理，使"体育课"变为"放羊课"，被学生称作为"水课"。在日本，真正的"快乐体育"的体育课堂教学活动中，体育教师要求学生在温度极低的条件下，甚至是在冰天雪地里穿背心、短裤跑步等体育运动，而且运动强度和运动量又大。这种做法无疑是为了让大学生体会克服困难、战胜自我后所获得的"成功感"和"快乐感"，最终达到了促进学生身心健康的目的。这些快乐体育思想的"异化"现象，完全背离了体育教学的基本规律和基本目的，严重违背了体育教学大纲，这种重形式而轻质量的行为将"快乐体育"理解为"玩乐体育"，大大降低了学校体育的地位，同时给某些缺乏敬业精神的体育教师创造了"懒惰"的借口。这种快乐体育的"异化"现象不利于学生身心健康，威胁到体育教学的长足发展。

综上所述，"享受乐趣"成为学校教育艺术的最高境界，是寓教于乐在体育教育中的基本形式。它是从关注学生外在身体健康向注重学生内心个性发展的转变。强调学生在体育锻炼中感知和掌握体育运动，体验体育文化所带来的获得感和满足感，从而以"乐趣"为核心促进认知和各种积极情感的和谐发展。

## 二、完善人格，首在体育

大学校园是中华民族传统文化传承和发展的重要场所。"道儒文化"是构成中国传统文化的主体。上下五千年的中华文化深刻影响着国人的思想，塑造了国人优秀的品格，但是传统文化所强调的中庸之道，缺乏竞争意识，在相当长的时期内，国人曾有"重文轻武"的错误倾向，不利于大学生个性发展和人格的形成。然而，现代体育崇尚自由和竞争的体育精神，它与我国传统文化所倡导的"中庸之道"截然相反。长期参与体育锻炼能够自觉培养审美情趣、行为规范和社会责任感，有利于人格完善。因此，重视大学体育是改变国人"重文轻武"的良药，是改变对体育人"头脑简单，四肢发达"认识偏见的抨击，是健全人格的重要途径。

### （一）人格教育的主要内容

现代大学人格教育应当紧紧围绕"立德树人"的人才培养宗旨，全面塑造大学生健康、健全的人格。所谓"健全人格"或者"健康人格"主要是指当代大学生的人生观、价值观和世界观正确，其道德素养、心理素质和社会适应能力等具有良好的表现。因此，大学的人格教育应当包括四个层面：人生理想、思想道德品质、心理素质以及社会实践教育等。

#### 1. 人生理想教育

人生理想是大学生学生和生活追求的崇高目标，是大学生成长过程中最根本的要求。人生理想教育是建立和健全大学生健康人格根本所在。从本质上来讲人生理想和健康人格具有根本区别，但是在人生理想教育中，这两个概念密不可分。

大学生崇高的人生理想可以成为促进人格建立，进一步完善人格的灯塔，对人格塑造起到引领的作用。从大学生的价值观角度来看，它就是把握人格发展的指南针，时刻指引着人格的发展方向。从大学生的人生观来看，它左右着人格形成，是驱使健康人格形成的主要内驱力，与此同时也是建立和完善人格的基础。

大学生期间进行人生理想教育，其目的是帮助大学生培养忠实的社会主义支持者和拥护者，培养合格的社会主义建设者和接班人。做好大学生的人生理想教育，可以培养大学生树立正确的、科学的、积极的世界观、人生观和价值观，帮助大学生在今后的学习、生活和工作中具备运用辩证的观点来分析问题的能力，进而养成热爱祖国、热爱集体、忠于人民、乐于奉献的优良品质。

习近平总书记指出："实现共产主义是我们共产党人的最高理想，而这个最高理想是需要我们一代又一代人接力奋斗的。"作为新时代的大学生要以此为人生理想，在奋斗过程中得到自由而全面的发展。当代大学生是新时代中国特色社会主义建设的骨干力量，如何将新时代大学生塑造成为社会和国家所需人才，人生理想教育是关键一环。因此，普通高校应从人生理想教育上下功夫，引导大学生建立和完善社会责任感、荣誉感、使命感，为中国共产党和国家建设培养具有健全人格的时代新人。大学生只有把个人的发展目标同国家命运和社会发展紧密结合在一起，才能体现出自我价值，为中华民族复兴贡献一份力量。

2. 道德品质教育

思想品德的教育是大学教育的生命线。中国教育学家、思想家陶行知告诉我们：教人、教学的本质问题就是道德品质教育。当代大学生的主流道德品质呈现积极、健康的趋势，但是也时有思想狭隘、态度偏执、性格怪异的大学生产生不良行为的新闻报道，虽然这是微小一部分，但是"近墨者黑"，其微小的人群也会影响到健康的大学生群体。因此，大学期间开展道德品质教育对塑造健康的人格起到关键性作用。道德品质教育的目标是培养大学生遵纪守法、诚实守信、文明礼让的公民道德感和社会责任感，培养大学生勤俭节约、尊老爱幼等优良的传统美德，积极培养乐于奉献、团结关爱他人的高尚美德，让大学生真正成为德才兼备的社会主义接班人。大学教育应积极和社会、家庭一起构建起横跨校内外的教育体系，通过开设自律教育、诚信教育、责任教育、勤俭节约教育、公益实践活动等一系列的教育活动来对大学生进行更加深刻、生动的道德品质教育。

3. 心理素质教育

中国社会科学院曾对北京、上海和广州高校的1000多名本科生进行心理调查，结果发现：有25%的大学生有过自杀的念头。在这个经济飞速发展的时代，大学生时刻面临着来自学校、社会、个人甚至是家庭的多重压力，在遭遇学业和个人能力的困惑，受到情感和人际关系的困扰时，大部分学生心理承受能力较差，并没有一个成熟的心态去看待周围的事物，会容易的陷入自闭状态，没有足够大的心脏去承受外部的纷繁复杂的局面。尤其是当人生理想与现实状况出现巨大的落差时，会引发不同程度的心理问题。心理素质一般的大学生可能会对他们的正常的学习和生活造成一定程度的冲击，只要采取及时有效的措施，大学生的心态经过调适会恢复正常。心理素质较弱的大学生可能无法接受现实，严重危机心理健康，如果不加干预，后果不堪设想。因此，为了更有目的性而且更加有效的健全大学生人格教育，有必要针对不同学生的不同实际情况，加强心理素质教育，提高大学生未来对社会的适应能力。

4.社会实践教育

教育部、中央文明办和共青团中央联合发文指出："社会实践是大学生教育的重要构成部分。大学生参与社会实践有助于磨练其意志，培育其优秀品质，帮助大学生认识社会，了解国情，培养其综合才能，增强其社会责任感"。社会实践教育更加注重学校、社会和家庭教育的三合为一的作用力。在象牙塔中的学子，只在意功课成绩，以比较封闭的学习方式取代了个人的自我修养，迫使大学生与社会脱离，缺少实践锻炼的机会，这种教育方式严重限制了大学生的个性发展，阻碍了其形成健全的人格。然而，当今社会不是一个人单打独斗，不是一个英雄主义的时代，而是注重团队合作，体现个人社交能力的时代。因此，普通高校应积极组织实施社会实践教育，通过社会实践，提高学生的人际交往能力，掌握并学会运用社会交往的技巧和方式，能够通过一系列的社会实践的锻炼，从中获得更多的信息，培养其社交礼仪，增加其自信心，这对于大学生将来踏出校园后能够很好的融入社会、更好的生活和工作是有积极的推动作用。

**（二）大学人格教育的困境**

1.人格教育被弱化或忽略

随着我国高等教育的普及，社会对于大学生的需求越来越严苛，在这种背景下，大学生不断提高自己"硬件"水平，将大部分时间和精力用在学业上。高校对于大学生的人格教育缺失现象并未表现出足够的重视，也为能将大学生的人格素养教育提高教育日程上，因此，人格教育处于被弱化甚至是被忽略的境地。多年前，广东高校提出了"感恩教育"、"诚信教育"以及培养大学生健全人格的口号，试图对大学生的人格教育提出新的教育方法，但是由于认识不够全面，重视程度不高，真正需要的人格教育并未纳入到大学常规的教育体系中。人格教育的管理者、倡导者将其粗略的归类到心理健康教育或者思想政治教育范畴之中，更甚者将大学生的人格教育的重任交给学校的心理咨询部门，这是对于人格教育的重要性和必要性的严重忽视和弱化。

当前，国家将高等教育中的思政教育提升的较高的战略位置，将思想政治元素融入到各个学科之中，构建覆盖育人全过程的课程思政体系，努力提升高校人格教育的前沿性和科学化水平。

2. 人格教育的目标模糊不清

普通高校针对人格教育基本不够重视，即使开展了人格教育，但人格教育的目标比较模糊。众所周知，人格教育的总目标应该是立足培养学生适应现代社会发展的能力，并养成健康的、完善的人格，这种与社会发展相适应的人格具体特征有哪些？部分高校将人格教育的比较片面化。如高校将人格教育目标概括为"培养什么样的大学生"，是培养富有责任心、能够独立思考的大学生，是培养懂法、守法的诚实公民。不难看出，当前部分高校开展大学生人格教育的内容是侧重管理性、约束性，其人格教育的内容都从行为方面强制性规定，哪些行为是提倡的，哪些行为是禁止的。例如，从提倡的行为方面：要求大学生"一定要做个遵纪守法的人"，要求大学生"一定要有远大的理想，将来好报效祖国"，提倡大学生"要努力学习"等；从不提倡或禁止的行为方面：要求大学生"不要贪图个人享受"，要求大学生"不要和对社会有害的人接触"等等。这是人格教育的目标仅仅可以帮助大学生建立是非观，其人格教育的目标过于肤浅，忽略了人格教育中最深层次，最细微的人格教育特征。比如，进行人生理想的教育。只告诉大学生如何建立远大的人生理想，却没有告诉大学生如何实现人生理想，当人生理想未能实现，当实现人生理想的过程中遭遇挫折，面临困境时应当如何坚持理想，在追求理想的道路上，不放弃梦想这也是忠于人生理想的表现，对于人生理想的实现，这种坚持信念，永不放弃的品格也是人格教育的真谛。因此，这种对人格教育目标的定位不清晰，往往导致人格教育内容的零散、不具体、不系统，失去了教育意义。对人格教育的目标定位不准确，会导致人格教育内容的片面化，其目标偏离教育主旨，就会间接造成大学生的不良人格。高校对人格教育目标把握不清晰，从事人格教育的教师在工作中就显得无所适从，评价人格教育时，往往只重视学习成绩，而忽略其它方面。其中关键的原因是，人格教育的具体内容诸如自信心、独立性、勇敢、成就动机、乐观态度、心理承受力等比较难以量化，在学生评价中往往首选学生的学习成绩。照这样下去，在这种的重视智商，忽略情商的人格教育之下，大学生拥有较高的科研和学术水平，但是其不够坚韧，心理脆弱，经不住风吹雨打。

普通高校人格教育被异化为思想教育，其目标价值导向与实际情况脱离。比如，人格教育中，强调大学生要为中华之崛起读书，为民族复兴而读书，教导大学生乐于奉献、敢于自我牺牲、顾大局、识大体，诚然以上教育能够培养大学生的爱国情怀，但是关于教导大学生如何保护自己安全、维护自己公民合法的权益的实质性内容不应该减少，反而需要适当增加。人格教育首先要体现个性化和社会化的原则，应当努力培养学生成为一个合格的公民，能够很好融入社会的人才，而不是仅仅教育大学生成为一个有远大志向、崇高理想的人。人格教育不能简单等同于思想政治教育，目前普通高校存在着过分强调意识形态教育的现象，倾向于将当代大学生人格塑造成服从型和奉献型。将思想政治教育取代人格教育是由历史渊源的，我国经历过严重的阶级斗争阶段，统治阶级为了维护统治加强对被统治阶级教育，思想教育成为必要手段，随着政治思想教育的推进，导致了高校教育目标的失衡。在中小学教育阶段，以政治为先导的思想政治教育占据教育的大部分，这种有关学生人格品格培养的教学活动形式上流于表面，而内容上空洞无力，并且与实际情况严重脱离，由于缺少了人格教育的基础保证，高校教育就而显得脆弱无力，无法培养出健全人格的当代大学生。

3.人格教育的方式单一

普通高校的教育方法讲究"因材施教"，尤其是大学体育第二课堂的教学活动中，体育教师更需要根据学生的不同的运动水平和不同特点，设计不同的教学方法，引导学生积极参与体育课堂活动，以达到预期的教育目标。目前，高校的辅导员和思政教师是人格教育中主力军，由于他们的专业知识和技能不能够满足人格教育课程开设需要，在面对大学生时往往是介绍自身经验教训，分享心灵鸡汤，较少与学生的沟通，没有做到了解学生的需求，未能针对学生的个性特点，及时、具体、灵活的运用不同的人格教育方式对学生"因材施教"。高校的人格教育师资匮乏是一个方面，同时教师的教育水平也急需提高。例如，当学生参与体育运动时，心理出现波动，不原因参加强制性的体育课程，甚至对体育运动失去兴趣时，教师没有根据大学生的个性特点，采用较为合理的教育技巧，而是使用生硬的，简单的教育方式，进行"说教"或者干脆用制度约束其行为，错失了人格教育的最佳时期，使大学生对人格教育的接受程度较低。又譬如，高校教师只注重人格教育理论知识，忽略了教学活动的主要目标，再加上教师本身缺乏调动大学生积极思辨的能力，从而导致大学生无法发挥其主观能动性。总之，人格教育是普通高校面临的一个重要的命题。当大学生出现人格问题时，会表现在不同的方面，表现出不同程度的不恰当行为。在适合开展人格教育的时机，就需要普通高校领导和教师主动采取有效的教育方式，帮助大学生及时意识到自身问题，给予大学生解决问题的办法，引导他们走出误区，重塑健全人格。

4. 人格教育的认可度不高

当今社会发展的速度不可同日而语。人类社会处于一个高速发展时期：世界多元化，经济全球化，信息更新快，文化多元化。相比传统意义上的"象牙塔"，现代大学更加开放，与社区联系更紧密，和社会接触机会增多。已经成年的大学生群体不同于中学和小学生，他们更加具有社会性。一方面他们具有一定的社会认知与社会生活的能力，另一方面他们又缺乏社会经验，对社会的认知并不深刻，很多时候容易被表象所迷惑，看不到问题的本质，误入歧途。尤其随着经济社会的快速发展，物欲横流、不正确的金钱观时刻侵蚀着当代大学生，在这样的背景之下，人格不够完善的大学生就会表现出强烈的功利意识，将学习视为达到某种目的的途径，显得浅薄和浮躁。大学生通过学习获得各种资格证或者等级证属于正常现象，也说明大学生有理想、有追求，但是部分大学生会认为拿到手里的证书比既看不见，又无法衡量的思想品德重要，从而导致学生上课时或者体育锻炼时都抱着应付的心理，根本不在意、也根本不愿意花费时间完善自我人格。从大学生角度，他们根本不接受人格教育，其认可度十分低。从高校的角度，学校不设置人格教育课程，而是笼统的将思想道德教育或者其他思政课程替代人格教育，这种忽视人格教育的做法会产生一些列严重后果，大学生人格培养也失去意义。

综上所述，大学人格教育具有重要的意义，但是缺乏有效的培养手段和途径，体育是高校课程中"动"的教育，从体育的特征分析，大学体育教育培养大学生健全的人格具有无可比拟的优势。当今，培养具有独立思考能力和拥有完善人格的大学生也是"立德树人"教育观的客观要求。原清华大学党委书记陈希在《大学校长谈体育》中指出：在讨论树立体魄与人格并重的体育观时，我们将把重点放在人格培养方面。因为体育教育忽视育人和人格的培养将是没有灵魂的教育。教育家蔡元培提出了人格教育的思想："完全人格，首在体育"，强调体育运动能够提高公民的道德水平和修养，深刻揭示了体育对德、智、美育的促进作用，推动了学校体育的变革。

### 三、意志品质的培养

1917年，毛泽东在《新青年》上发表的《体育之研究》中写道："体育之效，至于强筋骨，因而增知识，因而调感情，因而强意志"，充分诠释了体育的核心价值是增强体质，完善身心，磨炼意志品质。意志品质是指运动员经过长期体育竞赛和训练，在意志行动的过程中所表现出来稳定的心理现象，对人格培养和事业发展具有重要的意义。意志行动只有遭遇困难时才能显现出来。遇到困难有以下两种情况：一是外在困难，它是阻碍目标确立与实现的外部条件；二是内部困难，它是阻碍目标确立与目标实现的内在生理、心理因素。

从西方哲学、中国哲学、心理学和马克思主义哲学等分析何为意志品质，有助于更好理解意志品质的本质，把握培养意志品质的规律，更好的发挥体育运动作用，加强意志品质的培养。

#### （一）西方哲学意志理论

西方哲学中关于对意志品质的阐述，经历了神秘主义意志理论阶段、古典理性和近代非理性意志理论阶段。关于"意志"的论述起源于古希腊哲学家柏拉图。他针对人的心理现象提出了"知"、"情"和"意"的三分法，同时相对应的将人的灵魂也分为三个等级："理性"、"意志"和"情欲"。柏拉图注重人的理性成分，认为意志的行为是在"理性"指导下的产物，充分体现了意志中的理性，而不是被"欲望"控制。然而另一位哲学家亚里士多德则反对将灵魂分为三个部分，认为意志不是全部受到"理性"的束缚和管控，同时认为人的灵魂只有发挥认知功能，强调意志的选择作用，只有理性思维参与的行动才能称得上是意志行动。除了古希腊哲学家对意志进行阐述外，中世纪，欧洲基督教神学代表人物奥古斯丁、新经院哲学的代表人物阿奎那和邓斯都强调了意志的作用，且能够支配理智。由此可知，不论是柏拉图还是亚里士多德，不论是古希腊学派还是欧洲学派，其关注的哲学心理学的中心问题是"灵魂究竟是什么"，由此以"灵魂及其活动"作为研究对象，进而探讨意志问题。这种探讨和研究模式促进了西方哲学对意志理论的发展，但是受到社会发展的局限、科学技术落后等原因，关于意识的哲学思想均离不开宗教色彩，带有浓厚的神秘色彩，这也能够反映出人类对于探索、认识意志的艰难程度。

中世纪后期，随着欧洲文艺复兴，封建社会向资本主义过度，人文主义兴起，人性得到进一步解放。意大利哲学家、"欧洲文艺复兴三巨头"之一的但丁认为人的自由意志和具有天赋的理性可以体现出人的高贵，只有人的意志自由，人才能得到自由发展，才能实现高贵人生。英国哲学家、唯物主义的创始人培根，强调只有通过"理性"认识才能够深刻理解事物的本质，并认为个人的意志和情感应遵循事物发展的客观规律，揭示事物的真相，侧面体现了培根的现代实验科学家的理性思维。在关于"意志"的研究中，德国古典创始人康德继承了柏拉图的"知情意"的三分法，提出了"物、自、体"的三种理性形式，从而构建其心理学体系，取代了当时哲学界普遍认同的形而上学哲学体系。康德提出的"实践理性"就是心理活动当中的意志和判断。意志具备了两层含义：一个是指实践理性自身；另外一层含义是指人的行为。综上所述，在欧洲文艺复兴后期，关于"意志"的阐述，逐渐摆脱了浓厚的神秘色彩，摆脱了宗教束缚和灵魂管制，将关注重点转向人的自身，强调了意志自由必须以事物的客观规律为前提，这也标志着欧洲理性主义文化向非理性主义意志哲学转变。

德国哲学家叔本华和尼采是现代非理性主义的意志哲学的代表人物，他们认为个体的情感和本能的冲动凌驾于理性之上，将自我归结为非理性的"意"、"欲"和"情"，这种观点恰恰与传统的理性主义针锋相对。因此，将此对"意志"的论述称为"非理性主义意志论"。非理性主义意志论是人本主义思潮产生的源头，为后来生命哲学和存在主义发展奠定了基础，由于受到历史条件的限制，非理性主义意志论夸大了意志论中的非理性因素，并将其极端片面化。

### （二）中国哲学的意志理论

中国的先哲对意志有丰富的论述，着重探索了意志的本质及意志的作用，但是其论述不够系统，相比较西方哲学的不足之处在于未能自成一系，未能构建出完整的意志理论体系。

战国末期著名思想家荀子将"志"和"意"合成为志意，这是古代对意志的提法，是中国古代哲学历史当中最早对"意志"的阐述，他认为古代天子的"志意"、"血气"和"知虑"是赢得天下的原因，这里所讲的"天子"与欧洲哲学中的"高贵的人"有异曲同工之处，而将"志、气、知"三者并提，就相当于现代心理学中所指的"知、情、意"。南宋理学家朱熹则认为，意志是由意与志两种相互联系的心理活动构成。虽然"志与意都属情"都是"心之所发"，但亦有不同，他认为志是"心之所之"，是心理对事物的指向；意是"心有主向"，是心理的"未动而欲动"状态。而意之动是去实现志，志"方出便唤做意"。由是观之，中国古代哲学家探索"意志"的本质时，由于认识不够深刻，再加上把握"意志"的难度之大，即使在基本构念上有了比较明确、清晰的定义，也根据中国传统文化的特点提出了具有民族特色的思维方式，深刻揭示了"意志"、"目标"和"动机"相互作用，内在联系，对于"意志"认知也仅仅停留在表面，未能上升到哲学理论高度。

中国古代哲学史对"意志"的作用见诸于儒家、法家和道家的论著中，孔子、孟子和老子等思想家都阐述过"意志"的作用。在《论语·子罕》中，孔子曰："三军可夺帅也，匹夫不可夺志也"，这句话说明一个人的志气十分重要，它充分肯定了"意志"的作用。在《孟子·滕文公下》中，孟子曾这样论述："富贵不能淫，贫贱不能移，威武不能屈"，说明大丈夫在富贵中克制自己意志不能挥霍，在贫贱的困境，更需要意志坚强，即使在强权的压力下，也要保持意志坚定，不改变自己的态度，它强调了"意志"的作用。在《生于忧患，死于安乐》中，孟子也论述了培养坚强意志的重要意义，"必先苦其心志，劳其筋骨，饿其体肤，空乏其身，行拂乱其所为，所以动心忍性，曾益其所不能"。明代阳明学派创始人王阳明将"意志"比喻为"人之命"、"树之根"、"泉之源"、"船之舵"、"马之衔"，认为"意志"是人产生行为的原因，"意志"是维持人行为的动力，"意志"是把握人行为的发展方向。

通过以上论述可见，中国古代哲学家虽然阐述了意志的本质，认识到"意志"在人类社会中的重要作用，但是因为对"意志"的内涵没有进一步阐释，故而未形成完整的理论体系，只停留在对"意志"作用的表面描述，"玄而又玄，虚而又玄"似乎强调了意志的作用，但是又没有明确阐释，实在让人费解。

通过研究西方哲学对意志的思想，对比中国古代哲学关于"意志"的研究发现，西方哲学家和思想家的探索和发现，终属于哲学范畴。这一点与我国古代先贤的点滴思想形成鲜明对比。

### （三）马克思意志理论的应用

马克思辩证唯物主义的实践论是对西方哲学理性主义意志理论和非理性主义意志论的高度概括和经典超越。马克思辩证唯物主义思想强调实践的作用，认为实践是意志的基础，同时"实践"如果离开人的意志为指导，那么活动便毫无目的性，充分说明了"意志"和"实践"的紧密联系。

通过以上关于"意志"哲学思想的阐述，再联想到当代大学生。他们大多均处于十七八岁至二十一二岁年龄段。虽然大学生的生理达到成熟阶段，心理亦趋于稳定，但是大学生在面临重大抉择时，常常感到手足无措，存在随波逐流的情况，其意志品质仍然具有不稳定的特点。尽管大学生的思维较为活跃，具有一定的思辨能力，但是大学生的实践水平较低，当遇到外在干扰时，其自我控制能力和独立思考能力仍然需要进一步锤炼。优秀的意志品质不是先天具有的，而是通过后天的生活实践而逐渐养成的，因此大学生的意志品质具有较强的可塑性。大学体育是一个与塑造大学生优良意志品质相匹配的"教育平台"。这一"教育平台"主要通过运动队训练和体育竞赛，课外体育实践活动等方式实现。大学生在"教育平台"的体育实践活动中会亲身体验到不同的运动情景，面临各种复杂而艰苦的任务，从事大强度的体育训练，这使得大学生在克服困难时，需要树立正确面对失败、尊重对手的公正精神，激发必胜的信念和坚韧不拔的勇气。

## 四、通过参与运动增强身体素质

大学体育的根本属性就是"动"的教育。学生通过课程学习能够掌握某项运动技能和方法，通过参与运动，增强身体素质，发展运动才能。体育对于增强身体素质的功能和意义，已得到科学有力的证明。

### （一）身体素质之维度

从医学角度来看，身体素质是指受到外部因素和内在遗传的双重作用下，个体在生长、发育以及衰老的生命周期中形成的相对稳定的结构、技能和代谢的特殊状态。根据医学分析数据表明，身体素质的特异性受外部因素的影响占较小比例约为80%，而内在的遗传因素影响占比较小约为20%。

《体育词典》（1984年版）明确指出："身体素质是指人体活动的一种能力，指人体在运动、劳动与生活中所表现出来的力量、速度、耐力、灵敏及柔韧性等机能能力。"美国的体育健康、娱乐和舞蹈协会将人的身体素质分为两个层面：第一个层面是"健康素质"，它是与健康紧密联系的身体素质，其身体素质的好坏决定了个体的健康水平和体质好坏。如肌肉和心血管耐力、肌肉的力量素质、柔韧性等都是和提高机体健康水平，增加身体素质有关的根本因素。第二个层面是"运动素质"，它是和人体运动相关联的身体素质。所谓"运动素质"是指人体正常完成运动技术的能力，也被称为运动技能。其主要涵盖速度素质、反应素质、爆发力素质、灵敏性素质和身体协调性以及身体平衡能力，以上运动素质基本上是每个个体共有的特征，只不过在运动员身上表现的会愈发明显。运动素质的提高需要根据不同运动项目的特点和运动规律，通过运用相适应的手段方法，制定合理的训练计划，系统发展与提升其运动素质。运动素质是衡量运动员训练水平和运动能力的标准之一。

综上所述，身体素质是体质的重要构成部分，在某种程度上应当可以看作是人体形态结构和人体机能的综合表现。无论是医学界还是体育界都深刻探讨了身体素质的影响因素，无论是国内还是国外的学者均对身体素质的内涵进行深入研究，也充分证明了身体素质的好坏对于人的成长的进步具有重要的意义。其积极作用和重要意义主要体现在以下五个方面：第一个方面，身体素质不是运动员所特有的基本能力，而是正常人在生活和工作中不可缺少的素质，它是一种基本活动能的力，身体素质越好其基本活动能力表现越优异。运动员的身体素质越优秀，其运用战术技能就越快速，身体素质的好坏决定着运动员的发展空间；第二个方面，对参与训练的运动员来说，拥有良好的身体素质，有利于掌握复杂的、前沿的运动技术，并通过训练便能够迅速提高运动成绩，对普通人来讲，拥有良好的身体素质，能够相对容易的学习运动技能，提高运动表现；第三个方面，运动员具备良好的身体素质，其肌肉力量，心血管机能都优于其他人，更有利于承受大负荷训练和高强度比赛；第四个方面，运动员良好的身体素质，是在训练比赛中保持稳定、良好心理状态的重要基础。第五个方面，具备良好的身体素质，可以有效预防运动员的伤病，并能够延长运动员的运动寿命。通过以上分析可知，身体素质不仅和运动能力密切相关，是完成技术动作的基础，更与人的健康水平、日常活动、工作的能力紧密相连。身体素质不仅仅是人体运动的机能能力，而且也是人体劳动和生活的机能能力，与个体健康、高效地生活、娱乐和工作密切相关。

部分学者的研究表明，虽然我国青少年的生长速度加快，但是青少年的身体机能、素质和心理等未能同步提高，一些常见的疾病未能得到很好的控制。这些问题的存在，势必影响我国青少年的健康成长。因此，针对青少年体质下降的趋势，其身体机能、素质和心理素质方面的提升更为迫切。但是，从青少年体质所包含的范畴来看，草率直言青少年身体素质下降未必符合事实。从身体素质的概念进行分析，身体素质具体包括：身体的发育水平、功能水平、身体的素质和运动能力水平、心理的发育水平、适应能力等等，其衡量身体素质指标，例如心理的发育水平的衡量不够科学、不够明确，又如适应能力的评价标准也不够精确、未能统一。就青少年的身体的发育水平来看，轻易下结论认定体质下降或提高，也不够全面、不够严谨。再譬如，要想提高青少年身体素质，就要改善其营养状况，这种定论可能引发营养过剩等一些列不良问题。

**（二）大学生身体素质现状**

1. 身体形态

2019年1月教育部颁发《教育部关于深化本科教育教学改革全面提高人才培养质量的意见》中明确规定：合理增加体育锻炼时间，以适当方式纳入考核成绩。大学生参加国家学生体质健康测试的成绩将与学生的毕业，评优挂钩。这种倒逼政策从一定程度上起到提高大学生身体素质的作用。自建国以来，我国青少年身体素质呈下降趋势，截至2017年的国民监测数据显示，下降趋势得到遏制，但是，身体素质的平均水平仍然令人担忧。例如，青少年的肥胖、形体偏瘦和身高成为我国大学生身体形态方面的主要问题。

先从身体形态中最为明显的特征"身高"说起。从全国学生体质健康数据来看，我国男子大学生的身高始终处于增长的趋势，而女子大学生的身高增长呈现前期较增长较快，后期逐渐平稳的趋势。2014年英国伦敦帝国理工学院发表一项数据，数据调查了世界范围内19岁成年男子和成年女子的平均身高。从与韩国、日本青少年的身高对比发现，中国的青少年平均身高已经低于韩国和日本的青少年平平均身高，众所周知，人体的身高是直观反应出身体指标的形态。由于身高是人体的基本素质形态，大学时期的身高是身高快速发育时期，其不断改善与提高的趋势，也表明国人身体素质逐渐提升。由于身高是身体素质的一个方面，一项数据不能全面概括体质水平。因此，在衡量和评价某个国家或地区的青少年身体素质时，应当与体重和运动能力结合起来。一般而言，人体的生理和心理机能以及运动能力都依赖于身高的增加而发生显著变化。相关文献资料表明，当青少年的身高越来越高时，其速度素质变得越来越差。当身体重量变得越来越大时，其力量素质变得愈加弱势。身高这一身体形态应当成为传统意义的身形健康，身材壮硕，加上社会对身高的过分要求，并对身高较矮者的偏见，由此滋生对增长身高过分追求的现象，从而产生了不健康的身体形态观念，再加上社会上对增高药物和身高增长辅助运动设备的不切实际的宣传，大学生会通过不健康的手段和途径促进个体的身材增高。诚然医学的成果应用于改善身体形态的确起到积极作用，结合体育锻炼和个人的生活习惯，能够使大学生身材增高，并且与身体的其它机能协调、均衡发展，这才是真正意义上的健康体魄。

再次从大学生的身体形态方面的体重分析，这是当代大学生，尤其是女生关注的焦点。体重不仅仅是个单一的身体形态指标，而是和超重、偏瘦、肥胖等身体素质问题密切相关。身体超重不但影响运动能力，还影响到大学生的身心健康，给大学生的学习和生活带来压力。同样身体形态肥胖者，不仅能对人体的生理机能造成不良影响，还会诱发心糖尿病、血管等疾病，严重破坏了人体健康。据医学资料显示，超重、肥胖已经成为二十一世纪全球公认的公共卫生问题，肥胖本身也被认定为危害人类健康的疾病。自改革开放以来，随着科技进步和经济社会的发展，人们的生活方式不断改变，不健康的饮食习惯和缺乏适当的体育锻炼造成了青少年肥胖人口数量激增，其肥胖的趋势呈现出由城市向农村蔓延，由成年人逐渐向低龄化发展的趋势。

2018年学者王祥全对大学生的体重调查报告显示：女子大学生体重保持平

稳增长，肥胖和超重比例远低于男子大学生；城市和农村的偏瘦的比例分别为6.7%和7.2%。大学生的肥胖和偏瘦群体的出现，说明女子大学生胖与瘦两极分化加重。女子大学生偏瘦数量增加，究其原因可能是由于女子大学生比较在意外在美，而可以追求体重较轻的身体形态，在日常的生活和学习中，有意识的控制体重。假若说通过控制饮食、服用药物等手段减轻体重，并不是健康的"瘦"，反而造成身体的羸弱，严重影响身体素质发展和身体的健康。普通高校应该倡导积极的生活方式，如科学的身体锻炼，合理的膳食结构，健康的生活习惯，使体重保持在标准的范围以内，从而保证当代大学生的身体健康。

2. 身体机能

中国大学生的身体机能方面的主要问题是心肺功能表现不佳，具体体现在大学生体质健康测试的中长跑成绩偏低和肺活量测试数据较差。肺活量是人体重要的生理机能指标。该指标能够综合反映胸廓的发育程度、肺的用力呼吸能力、呼吸肌的强弱和大学生参与体育活动时表现出的运动水平。人体的各个器官、系统、组织、细胞每时每刻都在消耗氧，进行能量交换。人体内部的氧气供给全部靠肺的呼吸获取。在呼吸过程中，肺不仅要摄入氧气，还要将体内代谢出的二氧化碳排出。从运动生理的视角分析：肺是机体气体交换的中转站，个体中转站的容积大小直接决定着每次呼吸气体交换的量，肺活量检测数值低（与正常数值相比），说明机体摄氧能力和排出废气的能力较差，人体内部的氧供应就不充裕，机体的一些工作就不能正常进行。一旦机体需要大量消耗氧时（如长时间学习、工作、剧烈运动时）就会出现氧供应不足的情况，从而导致诸如头痛、头晕、胸闷、精神萎靡、注意力不集中、记忆力下降、失眠等不良反应，这不仅仅会影响了学习与工作，更直接影响身体健康。

据全国调研数据显示，大学生肺活量自1985年至2016年始终呈现下降趋势。2016年以后，大学生的肺活量在保持平稳的过程中有提高的趋势。从长期变化来看，当前大学生肺活量处于较低水平，并且仍处于下降通道之中，没有出现上升的趋势。城市大学生肺活量整体水平好于乡村大学生。肺活量与身高、体重、体育活动参与程度等都有关系，城乡学生肺活量出现差异，原因可能在于城市大学生身高、体重高于乡村大学生。根据国家学生体质健康测试的抽测数据显示，有10%以上学生不及格、50%以上学生处于及格水平，优秀、良好占比较低，女生优秀率仅为 6%左右。通过数据可以发现，目前大学生肺活量处于较低水平，表明大学生身体机能较差。肺活量与体力活动、身体锻炼等密切相关。肺活量水平较低说明了当代大学生日常体力活动少，参与体育锻炼不足，或者体育锻炼强度低。普通高校应该采取相应的措施促进大学生参与体育锻炼，增加呼吸肌的力量，提高肺的弹性，改善肺呼吸的效率和机能，从而提高肺活量。

3. 运动能力

大学生的运动能力体现在对运动的认知、技战术的应用和对体育安全意识的掌握，是体能状况的重要衡量标准，同时也是在组织、参与和欣赏体育活动的综合能力。运动能力不同于身高和体重等身体形态，它只有在具体环境中才能表现出来。大学生对运动的认知是运动能力的基本能力之一。根据运动认知心理学的研究成果表明，大学生对体育运动的认知活动包括视觉搜索、知觉预测、判断与决策、工作记忆及长时记忆等。所谓"视觉搜索（visual search）"是指在体育运动中运动员不断移动其眼球，聚焦于重要的刺激排列特征，进而在重要线索的基础上做出决策。以排球运动为例，运动员在场上要随时扩大视野，随时掌握本方和对方运动员的移动、进攻和防守，时刻判断球的路线，从而做出进攻或者防守的判断，这种能力也被称为"阅读比赛"的能力。运动能力之中的知觉预测和判断决策也是基于先前经验的积累，才能面对不同运动场景做出判断和决策，这在不同程度上也代表了技战术运用的能力。

大学生运动能力的安全意识体现在对本人和他人的运动受伤和预防、运动防护方法的掌握。大学生参与体育锻炼的过程中，难免会遇到一些意外情况，当遭遇危险因素时，学会规避或者跳脱危险情景是首要选择。假若出现运动受伤的情况，学生能够应对紧急情况，及时处理伤势。这种应对运动损伤和急救的方法和手段是安全教育中不可或缺的部分。

大学生的体能状况是其运动能力强弱的重要标志。目前，中国大学生的运动能力主要问题就出现在体能状况上。问题突出表现在各种运动素质均呈下降趋势，尤其是速度、力量和耐力素质下降明显。运动能力包括人体的跑、跳、投和行走等基本活动能力，而身体强壮、体力充沛的不仅是体能状况的外在表现，也是人类生存和生活更加美好的关键，因为它能够直接决定了身体素质的健康状况。根据《国家学生体质健康测试》的数据分析，大学生运动能力指标的变化表现为三个不同的阶段，第一个阶段是从1985年到1995年，大学生运动能力的各项指标有上升也有下降。第二个阶段是从1996年到2005年，这十年之间大学生的运动能力的各项指标呈快速下降的趋势。第三阶段是从2006年至今，经过15年的发展，大学生运动能力的各项指标基本稳定在一定范围内，个别运动项目的指标呈上升趋势。在速度素质和灵敏素质方面，据全国监测数据显示，自1995年以来，城乡男、女大学生50米的成绩持续呈现下降的趋势，相比较男子大学生的50米短跑成绩，女子大学生的50米成绩下降的幅度较大。根据学生抽样的检测结果显示，女子大学生50米的成绩低于2005年的全国平均水平，表明了女子大学生速度与灵敏素质都呈现持续下降的趋势。相对于女子大学生而言，男子大学生50米跑成绩则处于比较平稳的态势，未见明显上升或者明显的下降的现象也制约了其运动技能的学习和身体素质水平的提高。

在力量素质方面，通过全国检测数据结果可知，男子大学生力量素质自1995年之后持续下降（立定跳远成绩始终平稳下降，引体向上成绩先期快速下降，到2010年后逐渐平稳），女子大学生力量素质却自1995年之后呈平稳下降的趋势。据抽测学生的数据显示，男子大学生力量素质基本上与全国监测数据中2014年抽测的结果接近，表明男子大学生的力量素质没有提高迹象出现。女子大学生仰卧起坐成绩要好于2014年全国监测数据，但立定跳远成绩则继续下降。整体而言，大学生力量素质仍然处于较低水平。人的力量素质表明机体克服内、外阻力做功的能力，同时力量素质也是发展身体其他素质的重要基础。

在耐力素质方面，据全国监测数据结果显示，自1985年以来，中国农村男、女大学生耐力素质一直处于快速下降状态，而城市男、女大学生的耐力素质自1995年后开始快速下跌，2010 年后下降趋势才开始减缓。大学生的耐力素质多年的持续下降表明，大学生生耐力素质处于较低水平。抽测大学生中长跑成绩显示：1000米（男）和800米（女）成绩统计，城乡男女大学生不及格率均超过20%，优秀率均在5%以下，这充分说明了当代大学生的耐力水平不断降低，体能状况十分堪忧的现象。耐力素质是机体在一定时间内保持特定强度负荷或动作质量的能力，体现了机体抗疲劳的能力。耐力素质既反映了身体有氧工作的水平，也表现出心理的意志品质。加强耐力跑练习，不仅能够改善人体有氧供能能力，提高身体素质，同时也是培养大学生吃苦耐劳精神的有效手段。

一般而言，社会文明程度越高，相对应的身体素质就越高。身体素质的高低与社会经济发展紧密联系。尽管社会进步了，文明程度提高了，但大学生的身体素质下降了，因此，不论是普通高校还是政府部门都应该认真寻找解决问题的方法，而不是体育重要，将体育纳入到中考或者高考，这种治标不治本的做法更加阻碍了在校学生参与运动的热情。

从普通高校和主管教育的部门来说，2002年教育部颁布的《全国普通高等学校体育课程教学指导纲要》明确了大学体育课程的重要性，大学体育成为培养全面发展的人才的重要途径。在纲要的实施过程中，学校体育工作取得长足的进步，大学体育课程建设得到加强，体育场馆设施明显改善，但是青少年因为"运动不足"的问题，导致改革开放以来，中国青少年身体素质连续32年下降（1985年-2016年）。为了遏止这一现象，教育部修订了青少年体育锻炼标准，于2002年出台了《学生体质健康标准（试行）》，并要求学校将国家体育健康测试作为学校体育的常规工作。2007年5月，中共中央、国务院发布《关于加强青少年体育增强青少年体质的意见》指出，青少年的健康水平事关从国家和民族的未来。

综上所述，社会各界对体育持续关注，国家政策的顶层设计已出炉，但是学校的执行力度如何？实施的手段是否合理？大学体育的基本功能是否发挥作用？据调查：各个高校基本设置完善的学校体育管理架构，但是其组织效能有待提高。大学体育主要是通过第一课堂体育教学实现大学体育的育人功能。虽然部分高校也创建了各种课外体育活动，组建校运动队，但是大学体育第二课堂的建设不具有整体性和系统性，未能形成完善的大学体育第二课堂规章制度，从而未能充分发挥大学体育的育人价值。因此，在"四位一体"学校体育目标的指导下，构建第二体育课堂显得尤为重要。

## 第二节 大学体育第二课堂的构建路径

随着大学体育在培养优秀道德品质、磨炼顽强的心理和培养良好的社会适应能力等方面发挥着越来越重要的育人作用，其在高校育人中体现出更多的教育功能。从"四位一体"的育人理念来看，在大学第一课堂中学生的个性需求无法满足，学生难以享受到体育带来的乐趣。由于第一课堂上课时数较少，课堂中的运动强度不大，较难大幅度提高大学生的身体素质。再者第一课堂体育文化不够浓厚，未能形成大学体育教育观，对大学生的人格塑造有所缺失。因此，构建大学体育第二课堂有利于推动大学体育课程改革，全面实现大学体育的育人价值。

关于"大学体育第二课堂"的研究，学术界普遍认为大学第二课堂隶属于课外体育活动的范畴，并将其定义为：在相关人员的指导下，以增进学生身心健康、培养运动参与兴趣，提高运动技能和丰富业余文化生活为目的，而组织和实施的各种形式的体育教育活动。中国学者闫守轩提出，体育课堂是教师和学生依据一定的教学思想、教学目的、教学内容、教学主客观条件，为完成特定的教学任务，按一定的交往要求，组合起来进行活动的结构方式。中国学者毛振明指出，体育课堂是体育教学目标具体化载体，包含教学内容、教学组织和教学负荷的策略与实施。

在探索如何构建大学体育第二课堂的道路上，前人积累了丰富的实践经验，形成了资料翔实的研究成果。为了更好的构建大学体育第二课堂，体育课程理论、体育教学理论和、运动训练理论和体育管理等理论成为研究大学体育第二课堂参考和借鉴的理论基础。

## 一、理论基础

### （一）体育课程论

1.学校体育课程基础

学校体育课程要发展离不开哲学、心理学、社会学和体育科学等理论作为学科的基础。哲学是人类所有知识的母体，学校体育课程也是人类知识的重要组成部分，它需要赖以哲学而存在。首先学校体育课程的实践基础就是哲学中的现实基础；其次学校体育课程的指导思想来源于哲学思路；再者研究学校体育课程的方法论同样来自哲学基础。学校体育课程的学习主体是学生和体育教师，心理学为研究学生和教师的心理提供了依据，并衍生出体育心理学等专业课程。学校体育课程的设计者需要适应学生的心理水平，符合心理学规律，尤其是技能学习和社会适应中心理学在学校体育课程建设中起到重要基础作用。

学校体育课程的实践是教育活动，也是一种重要的社会活动。实施学校体育课程就是要发挥教育职能，体现学校体育的社会价值。学校体育课程也随着社会自身发展而不断进步，同时社会的现状制约着学校体育课程的发展。体育的内涵和外延不断发展，体育科学的学科体系不断健全，其内容涉及生物学、教育学和训练学等理论。因此，学校体育课程在上述学科的指导下，确立了学校体育课程的理论体系。

2. 学校体育课程的特点

（1）以身体教育为根本的课程特点

体育与德育、智育、美育和劳动教育合称为"五育"，是学校进行教书育人的五个重要方面，是提升学生综合素质的五个重要途径。以"体"育人，需要通过对体育课程的目的、体育课程的价值、体育课程的内容和体育课程的评价体系进行构建，通过体育运动进行学生的身体教育。当前，不论是学术界还是体育界都针对学校体育课程的课程特点和性质展开过探讨。首先需要明确的一个问题是体育运动是知识吗？众所周知，学校课程是知识传播的重要载体，学校是文化知识传承和发扬的重要场域，课程的内容依据文化知识的体系而构建，课程因知识而存在，知识因课程而得以传播与继承。因此，学校体育课程是体育文化知识的重要载体，其主要内容则是以体育运动为主体，没有了体育运动为基础，那么体育课程就失去了存在的意义和价值，学校体育就无法发挥以"体"育人的目的。通常情况下，教育界都认为数学、物理、化学、语文等科目是知识，可以成为一门学校课程。由于教育界对体育认知不深，更有些人错误的认为体育只是传授运动技能，将学校体育的功能定位于增强学生的身体素质，这种对体育片面的认识阻碍了学校体育课程的发展，将体育运动与体育文化知识无形的割裂开来，不利于体育文化的传承，这种论点就是典型的"体育课程技能论"。所谓"运动技能"就是指动作技能的一种形式，是学生在体育训练和体育竞赛中所表现的相关实际动作，主要是指学生在完成一项体育任务中，所涉及的相关一系列体育动作，通过合理的、科学的方式组织起来，并能够顺利完成动作的技能。因此，本研究认为体育运动技术是构成体育课程的重要组成要素，而体育运动技能是一种获得性的体育运动能力，抑或是程序化的知识及其操作的状态，能够直接提供学生练习的是运动技术，通过体育技术的学习和锻炼，其结果是运动技能得到提高。

在"快乐体育"思想的影响下，多数人将学校体育课程看作是游戏的体育课程，诚然学校体育的中锻炼有娱乐成分，但是更需要体育文化知识来填补和支撑。学校体育课程就是在娱乐中学会"玩"，在"玩"中学会体育，掌握体育运动技术，学会理解体育运动技能。学校体育课程的视域中的体育运动就是规范化的身体活动，是掌握运动技术的身体活动，是以基本体育理论知识为支撑，以"身体教育"为核心的体育运动技能。经过科学选择和安排，合理实施体育课程教学，体育技能不再是娱乐体育，而是有目的、有机会的实施体育课程教学的重要内容。通过上述分析可知，体育运动是具有科学性的，符合知识的特征，学校体育课程是以体育运动为重要内容，对学生进行的身体教育。

（2）兼具"技能"和"学术"的特点

随着"体育"概念的不断发展，体育从单纯的增强体质的功能发展到促进身心健康、经济和娱乐、政治、经济等功能。作为学校内的"体育"，从狭义上来讲，体育教育是学校教育的重要组成部分，是推动我国教育事业发展的有利抓手。学校体育对于促进教育改革的顺利进行，促进学生个性发展，培育全面发展的人格具有关键的意义。对学校体育课程的特点和性质的深入研究是开展大学体育第二课堂的理论基础，其理论意义和实践价值决定，并主导学校体育课程建设的方向，指导学校体育开展，影响着学校体育课程的价值观念、课程目标、课程内容和课程评价体系

根据我国教育事业的发展特点和学校的办学目标，学校体育教育有两种主要形式，其一是体育专业院校的学校体育教育，该种形式的学校体育课程具有较强的专业性，其培养目标是培养专业体育人才；其二是普通学校的体育教育，该形式的培养目标是面向普通学生，旨在为了完成学校的教育目标，促进在校大学生全面发展，具有较强的普遍性。不论体育专业院校和普通院校，在现代大学发展进程中，学科发展成为当代教育关注的重点，处在学科构建的背景下，体育课程不得不在科学规训下完成自身学科构建，从而紧跟学校教育事业发展步伐。从以上两种形式可以看出两者的区别，一种具有技能较强的专业性特点，一种具有普及性较强的学术特点。针对后者，学校体育课程在普通学校里呈现出一下共性特点：首先，学校体育课程是教育规定的必修课程，按照国家的要求学校必须要开足、开齐体育课，保证学生有足够时间参与体育教学活动。学校体育课程的基本特征是以"身体运动"的"动"的教育，属于教育的基本学科；其次，虽然体

育课程和其他文化科目有本质区别，但是因其实践性和科学性的学科特点，成为学校教育中必不可少的学校课程；其次，体育课程的内涵和外延十分广阔，是一名综合性、交叉性的学校课程，因为体育课程既具有实践性强等特点，又符合理论与实践相结合的综合型课程形态。由上可知：体育是对人身体的基本教育，体育课程在学校课程体系中属于技能性和学术性兼具的学校课程。

（3）兼具自然科学和社会科学的特点

美国著名体育学者查理斯·布切尔指出："体育本身不是一种严格意义上的学科，体育的目的和学科基础都要从哲学、生物学、心理学、生理学和社会学等学科中获得。从课程类型上来看，它是属于广域课程或综合课程。从作用上看，它的显性课程与隐性课程的相互影响尤为明显。

从体育课程的性质来讲，它具有身体认知和生活教育的特点；从体育课程的内容来看，它主要提供体育技能练习。学生在体育课程的学习中，其身体练习与运动训练中的身体练习有着本质的区别，学校体育课程的身体练习内容多样，具有可替换性，但是专业院校的体育课程，学生的身体练习需要进行大运动量、高强度的训练，其学习和训练过程都需要严密的控制；这就需要在构建体育课程时，注意选择适宜的运动负荷，遵循人体运动发展的客观规律，而学校体育课程的技战术练习则要遵循技术规格和战术特点。为了更好开展学校体育课程，其训练过程就要运用运动力学、人体科学、工程学、运动康复等自然科学的知识，在与体育学科相互发展过程中相辅相成，衍生出较多具有自然学科的体育课程，彰显了学校体育课程的自然科学的属性。从学科特点考虑，学校体育课程具有明显的社会科学的属性，是一门具有"技艺性"、"情谊性"和"人文性"的综合型学校课程，与其他学科课程相比，学校体育课程还具有目的任务、科学基础和教学时空的特点。这体现在体育课程实施空间在室外、体育场地，其课程任务与其他学科明显不同，科学基础也来自不同学科的基本理论。学校课程是为学生提供某一专业或行业的基础知识，培养在相关领域内的实践能力，而体育课程的目的是促使学生能够在体育运动中享受快乐、增进健康、学会幸福生活，能够充分体验成功的喜悦和失败的意义，从而感悟到人生的生命力和感染力，领略到体育精神，这体现出学校体育课程共的社会人文学科的特点。

3.学校体育课程体系研究

学者王淑英认为学校体育课程体系就是指在体育课程指导思想的指引下，由体育课程教育行政机关、学校和体育教师等实施主体、实施体育教学、体育课程内外部环境和体育课程评价体系构成的具有有机联系的统一体。从实施主体来看，实施学校体育课程的执行者是教育行政机关和学校，学校体育课程的参与者包括体育教师和学生，两者构成了教学活动的主体，也是进行体育课程教学的必要条件，没有了课程主体，就无法开展体育课程教学。学校体育教学是体育课程实施的重要路径，成为连结课程实施主体和课程学习主体的纽带。所谓体育课程内外部环境是指教育行政机构、学校和学校体育课程所处的社会环境，是实施体育课程赖以生存的基础，没有了课程实施的环境，那么体育教学就无从谈起。体育课程评价体系是通过体育课程实施，对体育课程的学习主体产生积极作用，经由评价指标对体育课程主体进行评价的过程。课程评价不是最终目的，而是借由实施体育课程评价体系检验课程实施效果，通过问题反馈，采取适当控制，以便有效修正和完善体育课程的实施计划，进而重新设计体育课程，完成一个闭环的学校体育课成管理体系。作为被广泛开展的大学体育第二课堂是对学校体育课程的有效补充，虽然各个学校未健全大学体育第二课堂课程体系，使大学体育第二课堂处于实施体系的边缘地带，但是它仍然具有顽强的生命力。

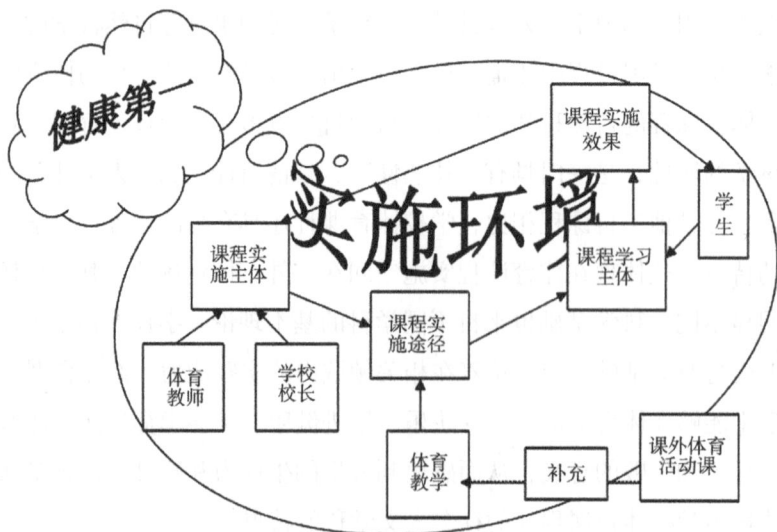

图片来源：赵丹.高校第二课堂实践育人体系建设研究[J].北京教育（德育），2019（01）:41-44.

（1）发挥主体作用的参与者

学校体育课程的参与者是推动学校体育课程发展的主要内部动力。从微观层面看，发挥主体作用的参与者主要是指课程的设计者，该人员具体包括体育课程专家、教研员和政府机构的相关人员等，这部分主体人员在实施体育课程体系中起到引领作用。处在学校一线的管理者、体育教师和学生组成了实施学校体育课程的践行者，管理者不仅仅是指校长，还包括学校体育主管部门的负责人以及行政管理人员等，这部分人员在实施体育课程中具有承上启下的作用。从整个体育课程的实施体系来看，上述所有人员都会对学校体育课程的实施产生重大的影响，但是这些人员所承担的相应的角色和发挥作用是有所不同的。因此，可以看出学校是学校体育课程实施的重点组织场域，虽然大学体育第二课堂的主要活动场域还包括校外，但是上述人员仍然在整个体育课程体系中发挥不可替代的重要作用。

（2）两种实施路径

目前，学校体育课程的目标分为基本目标和发展目标两个层次。根据教育部颁发的高校体育课程实施纲要中的规定，其中运动参与目标、运动技能目标、身心健康目标和社会适应目标构成了学校体育课程的基本目标。所谓"运动参与目标"是指积极参与各种体育活动并基本形成自觉锻炼的习惯，基本形成终身体育的意识，能够制定可行的个人锻炼计划，具有一定的体育文化欣赏能力。所谓"运动技能目标"是指熟练掌握两项以上健身运动的基本方法和技能；能科学地进行体育锻炼，提高自己的运动能力，掌握常见运动创伤的处置方法。所谓"身心健康目标"是指学生根据个人的能力设置学习目标，通过体育活动提高身体素质，改善心理状态，养成良好的生活方式和行为习惯，塑造健康的体魄，培养积极、乐观的生活态度。所谓"社会适应目标"是指学生通过学校体育课程学习而表现出了优良的体育道德、团队精神，正确面对失败的勇气。在以上四个基本的目标基础之上，又相应的提出了学校体育课程的四个发展目标，在运动参与目标中将体育文化欣赏能力提高到较高水平，在运动技能目标中将获得的运动技能提高到运动员等级以及能够参与体育竞赛的水平，在身心健康目标中将评价标准提高较高水准。在社会适应目标中将参与社区体育事务作为一个重要的指标。总体上来说，学校体育课程目标实施通过以下两种路径：一种是传统的体育课堂教学；另外一种是学校体育第二课堂。通过传统的体育课堂教学，可以实现学校体育课程的基本目标。与基本目标相比，学校体育课程的发展目标较难达成，需要学生通过课余时间参与体育锻炼，因此，实施大学体育第二课堂能够满足实现发展目标的要求。

### （二）体育教学论

#### 1.体育教学论的性质

体育教学论是一门系统的现代学科，并且有明显的学科价值和明确的学科定位。研究体育教学论必定需要特定的研究方法，并形成特定的学科概念和严密的逻辑，从而构建起完整的理论体系。张学忠、毛振明等学者系统分析了现代教学论的研究文献和体育教学理论的研究成果，并利用现代教学论的理念、知识论和方法论，根据体育教学论的知识体系的组成和功能规律指出："体育教学论是集理论性和应用性寓一体的综合性学科"。体育教学论认为体育教学既具有基本理论的特点，同时体育教学实践性非常强。首先体育教学论需要从体育教学实践发展出发，探索出不同类型的体育教学模式、体育教学策略和体育教学方法和技术等，其次在这些实践中总结规律，概括出普适性的方法，进而指导体育教学实践。因此，体育教学既有理论学科的特性，也有实践学科的特征，同时也属于理论与应用兼具的学科，是一门综合性的学科。

#### 2.体育教学论的对象

体育教学是完成学校体育课程的重要途径，是解决体育教学中所面临的种种问题，体育教学目的和任务也是以研究体育教学活动为核心而建立的，是学校体育课程存在的价值。换而言之，体育教学论的研究对象是指具体存在的、需要解决的问题。体育学术界有时会将体育教学论的对象误认为是体育教学论的规律，将体育教学论研究对象和体育教学的目的和任务混为一谈了。所有体育教学论的规律是对其研究所产出的成果，而不是研究的对象。

## 二、大学体育第二课堂构建路径

经过理论分析和实践探索，大学体育第二课堂本质上就是体育教师的组织形式，研究将从课堂的结构类型（教学内容）、课堂教学的基本形态、课堂管理形式三个方面，构建大学体育第二课堂。

### （一）大学体育第二课堂基本形态

在课堂教学形态上，大学体育第二课堂与大学体育第一课堂的明显区别在于学生参与各种活动是主要学习方式。各种体育活动既是一种合作、互惠的学习过程，也是一种充满相互竞争、互相借鉴的训练过程。

大学体育第二课堂的竞赛训练类基本形态是以教练为主导，学生为主体的教学互动，接近大学体育第一课堂教学模式。学生通过与教练员、裁判员、竞赛对手及环境的直接对话与接触，丰富知识、提高运动技能，积累经验，进而增强体质、健全人格、锤炼意志，在竞赛训练中享受到体育带来的乐趣。大学体育第二课堂的体育实践类基本形态是以管理者为主导，学生自主参与的开放性体育实践活动。学生在管理者的指引下，按照体育活动的组织程序，在与活动参与者的交流和互动中，主动完成活动任务，提高组织、管理等能力。大学体育第二课堂体育文化知识类是学生参与课堂体育知识教学和自主学习两种方式，掌握体育文化知识，将体育文化知识联系实际，反思学习经验。

### （二）大学体育第二课堂管理形式

大学体育第二课堂从最初作为第一课堂的补充和延伸，到第一课堂和第二课堂的结合，再到目前大学体育第二课堂在某些方面的育人价值已经超过大学体育第一课堂。但是大学体育第二课堂的管理形式仍然未有健全的管理机构，没有规范的管理制度，未有完善的课堂管理形式。因此，主要从管理机构、评价体系和保障系统三方面探索大学体育第二课堂管理形式。

1. 建立大学体育第二课堂管理机构

建立办公室或者机构，加强对大学体育第二课堂的管理。针对竞赛训练类的第二课堂，发挥教练员和运动员的参与积极性，建立运动队管理规章制度，规范课堂管理。针对实践类第二课堂，发挥学校各运动项目协会作用，学校管理机构主动与教育系统内的学生体育联合会或者体育系统内的青少年体育联合会对接，增加校内协会与单项体育协会的联系，在赛事承办、参与和培训等方面实现校内、校外体育资源共享。针对体育文化知识类，加强体育文化知识的管理，体育文化知识需要与第一课堂紧密结合，使学生既有感性的认知，也有理性的思考，使学生有计划、有组织的获得、分享、整合和创新体育文化知识。

2. 建立大学体育第二课堂评价体系

建立有效的评价体系，不仅可以得到学校对大学体育第二课堂的认可，而且可以激发教师和学生参与大学体育第二课堂教学的积极性。目前，大学体育第一课堂在大学体育教育中处于合法的、主导的地位，要想建立大学体育第二课堂长效的评价体系，就必须与第一课堂相结合，将第二课堂获得的分数纳入第一课堂的考核管理中，从侧面保证第二课堂的合法化和规范化。同时，第二课堂也具有不可替代的优势。例如，学生可以自主选择参与时间，主动参与喜欢的运动项目，学生的参与面相应的较广。根据这一特征，可以设置学生参与大学体育第二课堂的学时，当累计一定学时时，可以获得相应的学分。

因此，各高校可以结合自身情况，选择将大学体育第二课堂评价体系纳入第一课堂考核管理，或者选择更加独立的大学体育第二课堂学分管理评价体系，从而构建出完善的大学体育课程体系。

3. 建立大学体育第二课堂保障系统

建立系统的大学体育第二课堂保障体系，要围绕学校管理者和体育教师、经费支持和场馆设施三方面进行构建。学校体育管理者坚应决贯彻落实"四位一体"的学校体育理念，树立"体育育人"的指导思想，制定指导性文件，从政策上保障第二课堂的实施。学校管理层应认可第二课堂的教学成果，鼓励体育教师参与第二课堂建设。体育教师应全面反思教学实践，通过培训和学习提高教学训练水平，提升组织管理能力，夯实科研水平，合理分配时间，积极参与大学体育第二课堂的建设中。高校应该采取校内外结合的课堂教学模式，吸引企业赞助大学运动队竞赛训练、体育实践等活动，提供必需的经费支持。场馆设施是开展大学体育第二课堂教学的必要条件。首先，高校需妥善解决大学体育第一课堂和第二课堂使用场地时间冲突问题，保证有"地"可用。其次，竞赛训练和体育实践活动对场馆设施的要求比体育教学的要求更加专业和规范，需要按照特定的竞赛标准优化场地设施。最后，建立多媒体课室，规划和分享体育文化主题资料。

# 第六章　大学体育第二课堂育人价值的实施策略

本研究从价值哲学角度，探讨大学体育第二课堂的育人价值及内涵，构建体育第二课堂的育人价值体系并提出实现路径，对于完善大学体育教育育人体系和促进大学体育改革目标的达成有着重要作用。

## 第一节　大学体育第二课堂育人价值

### 一、认知价值

《全民健身计划纲要》中提出："要对学生进行终身体育的教育，培养学生体育锻炼的意识、技能与习惯"。通过查阅国内大量相关调查报告，发现我国大学生体育锻炼现状不容乐观，其中自觉、主动、积极参与体育锻炼的人数比例偏低。学生在很多情况下的体育知识、态度与行为之间并不协调，出现"知而不行"的现象。由于大学生在中学时期存在较大的学习压力，常见的体育活动就是课间的跑操，老师也会一定程度上占用体育课的时间进行文化课学习，导致很多大学生认为体育就是枯燥无聊的活动，通常抱着完成任务的心态参加体育课，因此很多体育第一课堂的课堂氛围和学习情况并不乐观。虽然高校的体育工作者一直努力完善体育教学体系，但在实际教学过程中，学生在课堂学习和课下锻炼时都遇到不同的问题。问题长期的积累得不到解决让学生的体育锻炼受到了阻碍，健康体质的培养得不到保障，侧面也反映出部分高校学生缺乏体育精神教育。

马克思在其《哲学手稿》一书中指出，主体本身是否能够感知到客体的某些属性，既取决于客体本身的性质，也取决于主体本身的状况。大学生自身的体育认知水平对校园体育的发展起着基础作用，"知之深，则爱之切"，然而不少的调查研究表明，当前我国高校体育理论课无论是课时安排还是教学内容的设置还有教学方法的运用都表现出不足与滞后的状况。拓展大学生体育认知的深度和广度，增加体育理论课时数是基础，丰富体育理论课内容（使其符合学生运动健身的需要，符合学生个性发展的需要，提高体育人文素养的需要）是关键，改善教学方式是保障。体育第二课堂的性质与第一课堂不同，它不仅可以在第一课堂的基础上进一步提高学生的专业性和理论性，学生也可以在第二课堂中拓宽知识面，提升个人运动水平，学习更加细致的体育技能，提高自身心理承受能力以及抗压能力，实现身心的协调健康发展。同时，第二课堂可以很好地弥补体育理论课时不足的情况，通过开设系列体育知识讲座、专题报告、学术沙龙等，开阔学生的体育视野，拓展学生的体育认知，全方面提高学生体育认知，应让学生出于兴趣而参与体育活动。

体育第二课堂不再是老师单方面传授知识，形式更加丰富，开展的时间较为灵活，营造了浓厚的校园体育氛围，润物细无声地改变了学生对传统体育概念的认知，培养了学生积极向上、健康生活、顽强拼搏的意志。由此，体育第二课堂的认知价值显现出来。

## 二、实践价值

毛泽东在1952年6月10日为中华全国体育总会成立大会题写了"发展体育运动，增强人民体质"之后，"增强人民体质"在1982年被写入宪法，接着《全民建设计划纲要》在1995年颁布，近年来，习近平总书记又提出了人民身体健康是全面建成小康社会的重要内涵等一系列重要论述，说明了党和国家关心人民身体素质的提高是一以贯之、一脉相承的。相对于一个国家来说，只有人民拥有健康的体质，国民的整体健康水平不断提升，才能保持民族的旺盛生命力，才能促进经济社会高质量发展。

体育可以为其他知识的获得提供一个健康的身体。高校体育文化传播、推广以体育课程及体育社团为主，两者发展并不均衡，存在一些共性问题，主要表现在注重学生体育项目的技术教学，轻体育文化知识的传承，具体包括体育项目运动的原理、运动注意事项等基本知识、运动保健等。作为体育教育者，不仅要教技能，也要传授技能的原理、技能的效果、如何正确运用、如何避免运动错误导致的损伤等。学生只有掌握了运动的知识，才能长期坚持，保有"终身运动"的观念。由于体育第一课堂是大班教学模式，可能存在学生选择的余地小，无法"因材施教"，"重复练习式"的教学方法降低了学生参与运动的积极性等问题。并且目前大学体育课通常是学生在选课系统选择，感兴趣的课程一旦满人，便只能选择其他项目，无法满足学生对掌握运动技术的不同需求，导致学生喜欢体育运动却不喜欢体育课的现状。

而体育第二课堂在大学中主要是以体育社团活动、体育比赛、体育讲座等形式开展，体育不再是枯燥死板的机械化活动，学生既可以自由选择感兴趣的项目，又可以找到志同道合的朋友，在参与过程中有效地提升了自身的体质。其中学生体育社团是大学数量最多、受众最多的社团组织，受到广大师生青睐。体育社团是根据学校的规章制度，依照规范的步骤及程序成立，有固定的领导管理机制，一定的资金扶持，特定的活动组织形式及内容。学生在体育社团中，可以延伸自己的兴趣爱好，发挥所长，相互学习和影响，锻炼人际沟通及组织协调能力。社团的各组织成员，分工明确，责权分明。在开展体育活动过程中，大学生思维活跃，行动力强，具备灵活应变的能力，展现出充分的活力，开创性地完成各种体育活动，使新时代大学生享受乐趣、增强体质、健全人格、锤炼意志。

### 三、道德价值

习近平总书记在2018年9月10日举办的全国教育大会上发表重要讲话时指出："要树立健康第一的教育理念，开齐开足体育课，帮助学生在体育锻炼中享受乐趣、增强体质、健全人格、锤炼意志。"大学体育第二课堂的开展可以更好地落实十九大精神，也为深入实践党的教育方针，完成立德树人的根本任务打下了更好的基础。《高等学校课程思政建设指导纲要》中提出，要不断探索和拓展"第一课堂"和"第二课堂"教育教学之课程思政建设的方法和途径，达到水滴石穿、润物无声的立德树人、铸魂育人的实际效果，体育类课程要树立健康第一的教育理念，培养大学生顽强拼搏、奋斗有我的信念。

在当前我国的学校教育生态系统中，体育是必不可少的环节。一方面"德为根基，体为土壤"，健康的身体乃是展开包括体育和德育在内的一切教育活动必不可缺的物质条件，另一方面从上述对中国学校德育的历史梳理中可以发现，道德、国民公德的养成与展现始终离不开个体的身体实践与道德知识的互动，个体的知与行乃是"道德认识与道德实践的高度统一"。同样，以身体及身体实践为作用载体的体育，在强健个体体魄的同时也具有很强的教化作用。古希腊人在认识自我时选择以身体和体育为突破口与切入点，他们认为健康的身体是一切幸福的基础，体育则是保持身体健康的绝佳方式。不论是斯巴达人还是雅典人，均用体育培养公民的意志和塑造勇敢的品质，从而完成对身体的塑造和对城邦的责任。同时，近代西方教育家们在"通过参与者的身体实践实现个体在身体、德性、理性和心性等方面的改变"的观点上也达成了共识，体现了个体的身体实践在道德塑造方面的重要作用。

大学体育第二课堂的道德价值具体表现在：其一，在运动技能学习过程中，通过大量的重复性身体练习、多情境的实际运用及与他人的沟通交流与自我反思，学生逐步掌握技术动作，实现从生疏到熟练使用的转变，并养成独立自主思考的品质和戒骄戒躁、坚持不懈的努力精神。其二，在各类挑战生理极限和发展体适能的练习与测试中，通过克服生理极限反应和感知他人的语言鼓励与支持，磨炼学生的意志品质。其三，通过多种形式、范围和规模的体育赛事，使学生既感受到合作的乐趣，又切身感知竞争的残酷，并明白遵守规则与尊重他人的重要性。其四，在参与或观看体育竞赛过程中，学生不断地接受竞赛胜负结果的洗礼，令其明白没有永远的成功者与失败者，既要勇于面对不同的比赛结果，又要有永不服输的精神，从而逐渐形成勇敢、自信和坚韧的心理品质，具备健全的人格。其五，通过解析高水平国际体育赛事及体育名人事迹，可以以事感人、以情育人，向学生传递爱国主义、集体主义精神和拼搏奋斗、永不气馁的体育精神。

## 四、审美价值

关注到体育的本质，会发现比起满足社会生活中的物质文化需求，体育的主要作用是满足人们的精神性需求，所以将体育定性为文化活动。在考察体育在满足人们精神性需求上与其他文化活动的差别在哪里时，我们会发现其中的关键在于体育必须依赖于身体存在，例如花样滑冰中运动员优美的运动技巧配合服饰、时间、空间以及音乐呈现出来的美是一种综合性的艺术之美，是符合人类审美要求的。花样滑冰这项运动所呈现出来的体育美，是经过大众的视觉观察感知得到的，并给大众留下了深刻的艺术印象。花样滑冰的美与运动员本身的肢体美通过完美结合，呈现出一个个具有美感的、令人如痴如醉的动作。由此我们说体育是美的，美是体育之所以存在的其中一意义，是体育的本质表现之一。审美是主体对客体的情感态度，是对客观事物作用于主体时所造成的愉悦感的判断。体育是将对身体的影响结果作为完成标准的一种社会活动，人们在从事体育活动时，会收获身体上的完善和精神的满足，这种满足就是审美的效果。故体育具有强烈的审美价值，体育审美的关键就是追求因身体活动本身而引起的精神愉悦感。

体育教学的过程本就是个审美教育的过程，在这个社会经济高速发展的时代，市场对新时代的人才需求也与以往不同。而大学作为培养高素质人才的主要阵营，势必最大会满足社会的需求。体育教育正处于教学深化改革、不断强调素质教育的阶段，教育工作者应在意识形态上跟上社会发展的步伐。大学生作为和谐社会的建设者与接班人，他们早已成为社会关注的焦点，并肩负着推进社会进步的重要使命。因此，当代大学生既需要关注自身文化水平，不断拓宽知识面、强化专业技能、职业素养，还需具备一定的辨析力与判断力，并能形成正确的价值取向与高尚的道德情操。这样，才是一个优秀的现代有为青年。在此诉求下，大学若想培养出符合时代需求的高素质复合型人才，应将审美教育科学渗透到体育教学中。

当前第一课堂体育教学更多的是为了应付考试，这是因为学生并没有形成正确的健美观念。在传统的教学方式下，学生们学习的积极性普遍偏低，审美教育的教学目标也很难开展，因此应当结合第一课堂与第二课堂，选择最适合的教学方式来完成教学任务，以求达到最佳的审美教学效果。对于正处于青春年华的大学生而言，健康的体魄是一切学习与社会活动的基础，只有拥有健康的身体和正确的体育锻炼观念，才是拥有真的美。为了帮助学生形成正确的健美观念，就需要在第二课堂加以补充，通过一些图片资料以及相关运动员的实例来为学生讲解"什么是健美"，例如，通过学校的健身社团或开展健身课程，让学生意识到，在日常生活中应该保持正确的坐、立、行的姿势，加上持之以恒的锻炼才可以造就健康的体格。通过让学生参与进多种多样的体育活动中感受体育的魅力，使体育锻炼不再单调、乏味，学生们通过参与舞蹈、足球、体操等体育活动，增强对美的鉴赏力。在趣味游戏活动中培养大学生的合作意识、团队凝聚力和塑造美的灵魂。也可以通过组织观看比赛的活动，让学生能够更加直观的感受到体育运动中的形态美和动感美，由此，针对学生的道德品质、身心素质等进行全方面的培养，确保学生在了解与掌握必要的知识与技能的同时，能真正实现全面发展。

## 第二节　大学体育第二课堂育人价值的实现路径

### 一、坚持"立德树人"的体育教育观

体育第二课堂的开展应坚持"立德树人"的体育教育观，突出德育为先的教育理念，坚持以人为本，坚持健康第一的指导思想，促进学生全面健康发展，培养德智体美劳全面发展的人才。在具体落实健康第一的指导思想过程中，首先要转变传统的教学观念，明确学生身体状况以及学习兴趣，通过学情分析，制定合理的学习目标并选择适合的教学内容和方法。

教师在第二课堂中不仅让学生学到基本的运动技能，还要让学生从思想上认识到运动技能练习中所出现的各种困难、挫折、人际交往等问题如何正确面对，把德育教育贯穿于体育课堂中，在教学实践中深化立德树人。体育实践中，学生需要拥有直面困难的勇气、甘于吃苦的品质和抵抗挫折的意志，才能完成具有较强竞争性和对抗性的各项练习均具有较强的对抗性和竞争性。在练习中教师要通过不断的激励，强化学生的责任感，提高学生的团队意识和抗挫折能力。教师要通过组织学生观看国际大赛，培养学生的荣辱感和爱国主义情操。通过竞技比赛的竞争性和规则的约束性提高学生的责任感和遵纪守法意识，通过组织学生参加比赛提高学生的上进心、竞争意识和集体荣誉感。

### 二、加强体育专业老师对第二课堂的指导

专业老师的指导，不仅是技术方面的，更多的是文化知识方面的，发挥第二课堂的优势。让学生了解一个项目的利与弊，选择适合自己能长久坚持的运动项目。体育专业老师都经过系统的学习，对学生来说，能更好传授安全的体育专业知识。另外，教师还可以组织体育社团参加比赛或者表演活动，指导学生分工

协作，科学管理，组织开展专业的活动及竞赛，需带领学生更好地进行专项运动，强健体魄，培养超越自我、顽强拼搏的体育精神。

教师要有坚持健康第一的教育理念，始终把全面提高学生身体素质作为工作的出发点和落脚点，积极参与体育第二课堂的指导工作，为学生提供锻炼指导，在教学实践中不仅让学生学到基本的运动技能，还要让学生从思想上认识到运动技能练习中所出现的各种困难、挫折、人际交往等问题如何正确面对，把德育教育贯穿于体育课堂中。应该注意的是，第一课堂是由老师主导教学，而第二课堂中应给予学生足够的自我发挥空间，提供指导但不过多干涉活动。指导教师应做到言传身教，教会学生集体主义精神和团队协作能力，共同完成既定目标，更高层面上还可以提升学生爱家、爱校及爱国主义精神。

### 三、加强体育第二课堂与第一课堂的协同互补，提升教育合力

第一课堂属于传统的课堂教学，是按照统一的教学大纲由教师进行的一对多的教学活动形式，而第二课堂是相对开放的、动态管理的、以学生为第一主体的自主性教育教学活动。真正有效的学习是双向的输入输出活动，而不是简单的单向输入，如果说第一课堂重在输入，那第二课堂则更多的是输出。两个课堂深度融合，相得益彰，是符合当代大学生成长成才特点的客观需求。

第一课堂活动是以育人为宗旨，以提高学生的基本技能和基本素质为重点；而第二课堂在时空上更加开阔，应该充分利用学校丰富的资源和空间，重点培养学生的体育兴趣，提高体育技能，使学生养成良好的运动观念和运动习惯，提高学生的学习能力和身体宿舍。第二课堂的课程设计要充分结合学院办学特色和专业特点，使其与人才培养方案高度契合，让第二课堂成为第一课堂的延伸与促进，在体育锻炼方面给学生提供更广阔的实践平台和科学供给，让第一课堂的教育内容在第二课堂的实践中强化吸收，提高第二课堂对第一课堂的反哺能力。第二课堂中可以开展体育类社会实践、志愿服务等项目，整合实践资源，拓展实践平台，鼓励学生参与体育相关的实践活动，例如赛事志愿者，以此助力学生以知促行、以行求知，提高学生适应社会的能力和水平。同时，应协同教务、科研、学工、团委等多个部门对第二课堂的统筹与管理，提高教学科研单位、学科带头人、专业教师等力量在体育第二课堂建设过程中的参与度和指导力，构建全

面覆盖、内容丰富、层次递进、互相支持的第二课堂课程，形成第一课堂和第二课堂互融互通、互补互促的育人体系，进一步提升教育合力。

### 四、加强组织领导集中资源建构第二课堂

当下，各类大学的体育第二课堂建设正值起步阶段，对于"如何办好体育第二课堂"这一问题并没有过多地前人经验参考，因此需要集中校内外资源对第二课堂进行深化建设与拓展。各类高校应该在校课程委员会指导下，集中各类资源对第二课堂进行建设，克服当下第二课堂广泛性与深刻性不足的问题。在体育第二课堂建设的过程中，可以在多个维度进行开展。一方面，高校应组织领导、课程委员会进行资源整合，建立第二课堂监督委员会，将第二课堂的推进，落实到学校的各个学院具体教学之内，监督体育第二课堂的日常开展情况，并将第二课堂的日常指导作为考核领导的重要方面，以此来使各个学院加强对第二课堂的重视，提高对体育的重视程度。另一方面，形成高校、各个学院以及专业班级等工作小组，实现资源共享，政策互通。提高对各类体育社团、活动型社团以及社会公益组织活动的重视程度，将其穿插于第二课堂建构之中，鼓励学生积极参与活动，从事体育锻炼，大力支持学生参与体育竞赛。动员学校各方面资源，来促进第二课堂的建设与完善，同时，还要保证体育第二课堂的物质基础，积极修缮体育活动场馆，加大第二课堂的资金投入，配合学生开展相关活动的第二课堂，从而，使体育第二课堂能够真正发挥其用处。最后应该建立新的体育考核方法，设立奖励机制，为积极参与第二课堂活动的学生提供一定的综合加分，鼓励学生主动走进第二课堂。

# 后　记

## 社会力量参与学校体育，脚步如何迈扎实?

　　学校体育发展需要学校内和社会力量的参与，需要综合利用系统内外资源助力学校体育事业的发展，这也是大学体育第二课堂转变现有发展模式求得突破的重要动力。就目前现状来说，社会力量参与学校体育事业的发展有诸多方面的阻力，但是也要看到社会力量参与学校体育发展的需求和可行性，这就需要国家教育行政机关主动解放思想，健全和完善有关制度，创造社会力量参与学校体育发展所需要的制度空间，使参与学校体育的道路畅通，使参与学校体育发展的环境越来越公平，同时，需要建立和完善社会力量参与学校体育发展的决策、竞争、信息公开、监督、评估、问责和退出等机制。诚然，政府已经转变职能，逐步向社会力量购买学校体育服务，但是这种规模十分有限，与社会力量参与学校体育的发展之间存在巨大的鸿沟，也就是说社会力量生存和发展的制度空间要远远小于实际需要的空间。因此，让社会力量参与学校体育发展，一方面要创造释放社会力量参与学校体育发展的空间，二是教育行政机关要脚踏实地探索有利于学校体育发展的道理，让社会力量参与学校体育发展的脚步更加扎实。

# 参考文献

[1] 毛振明, 李捷. 响应全国教育大会号召, 让学生在体育锻炼中享受运动乐趣 [J]. 北京体育大学学报, 2019 (1) : 23-30.

[2] 刘斌. 从体操到体育—清末民国中小学体育教科书研究 [D]. 湖南师范大学, 2011.

[3] 学校体育工作条例. 中华人民共和国国家教育委员会令第8号. 1990年3月12日发布http://www.moe.gov.cn/s78/A02/zfs__left/s5911/moe_620/tnull_1436.html

[4] 赵丹. 高校第二课堂实践育人体系建设研究 [J]. 北京教育 (德育), 2019 (01) : 41-44.

[5] 杨洁, 李新威. "三全育人" 视域下学校体育的德育价值及实现路径研究 [J]. 湖南工程学院学报 (社会科学版), 2021, 31 (01) : 121-126.

[6] 徐军, 叶慧敏. 学校体育 "四位一体" 目标的时代价值及实现路径 [J]. 上饶师范学院学报, 2020, 40 (03) : 106-110.

[7] 吴明智, 曾吉, 李智伟. 普通高校体育理论课教学现状与对策 [J]. 中国体育科技, 2001 (5) : 22-23.

[8] 马建标. "道德救国": 蔡元培与北京大学的政治参与 [J]. 安徽大学学报 (哲学社会科学版), 2017, 41 (02) : 69-77.

[9] 邱毅. 学校体育现状及其发展路径探析 [J]. 内蒙古师范大学学报 (教育科学版), 2014, 27 (04) : 22-26.

[10] 刘海元, 唐吉平. 对贯彻落实 "强化体育课和课外锻炼" 有关精神的探讨 [J]. 成都体育学院学报, 2014, 40 (06) : 1-7.

[11] 钟秉枢. 体育运动与现代人格塑造——重新认识体育在人才培养中的重要性 [J]. 武汉体育学院学报, 2007 (10) : 1-5.

[12] 凌平, 刘慧梅. 法国体育管理体制发展的社会基础和主要特点 [J]. 北京体育大学学报, 2007, 30(3): 294-296.

[13] 李卫东. 欧美青少年体育组织管理特征与发展趋势研究 [J]. 体育文化导刊, 2013(06): 19-22.

[14] 王娟. 北京市月坛中学与北京日本人学校初中体育活动比较研究 [D]. 首都体育学院, 2013.

[15] 张金桥, 王健, 王涛. 部分发达国家的学校体育发展方式及启示 [J]. 武汉体育学院学报, 2015, 49(10): 5-20.

[16] ] 刘芳, 杨辉. 体育公平的社会学分析 [J]. 成都体育学院学报, 2011, 37(06): 6-9.

[17] 刘笑舫, 张明坤. 我国中小学体育课程改革的历史回顾与发展建议 [J]. 河北体育学院学报, 2018, 32(01): 62-66

[18] 赵承磊. 从大学阳光体育开展困境分析大学课余体育之选择 [J]. 北京体育大学学报, 2012(1): 87-91.

[19] ] 陈长洲, 王红英, 彭国强. 学生动商培育的基本思路与多元途径 [J]. 南京理工大学学报(社会科学版), 2018, 31(04): 18-21.

[20] 常杰, 刘鹏, 朱永军. 民国时期国立东南大学体育教育之研究体育科技文献通报2014(1): 119-121.

[21] 蒋歌声, 翁惠根. "课(校)内外一体化"职业实用性体育课程建设 [J]. 浙江体育科学, 2006: (10): 83.

[22] 赵卓. 中国近代体育制度发展研究 [D]. 北京: 北京体育学院, 2011.

[23] 程一辉, 庄志勇, 苏振南. 校园体育文化的功能、价值取向与建设性对策 [J]. 体育与科学, 2007(5): 91.

[24] 张明. 人文地理教学中决策型情境的设计策略: 以"影响工业区位的因素"为例 [J]. 地理教育, 2011(12): 44-50.

[25] 吕玉军, 陈长河. 清末民初的军国民教育思潮的兴起及其衰落 [J]. 军事历史研究, 2007(3): 91-99.

[26] 徐本力. 对毛泽东体育思想形成与发展的历史回顾与思考 [J]. 山东体育学院学报, 2014(4): 6-13.

[27] 蒲志强, 赵道卿, 董淑道. 民国时期 (1927-1949) 中学学校体育制度的演变过程、特点及其历史价值 [J]. 北京体育大学学报, 2005 (10): 1386-1389.

[28] 范美丽, 钟贵钦. 学科规训视野下大学体育学科话语权的缺失与重建 [J]. 贵州体育科技, 2015 (12): 5-10.

[29] 陈慧. 近代我国大学校长体育思想述评 [J]. 体育文化导刊, 2010 (10): 133-136.

[30] 王道俊. 知识的教育价值及其实现方式问题初探 [J]. 课程、教材、教法, 2011 (1).

[31] 张继明, 王希普. 大学权力秩序重构与大学治理的现代化——基于社会参与大学治理的视角 [J]. 高校教育管理, 2017 (1): 25-31.

[32] 李佑发, 王婷婷. 意志品质的质性分析及模型建构 [J]. 北京体育大学学报究, 2011 (3): 75-78.

[33] 闫守轩. 课程与教学论: 基础、原理与变革 [M]. 北京: 北京师范大学出版社, 2015: 8.

[34] 席亚健, 张延. 《壬戌学制》与中国近代学校体育发展 [J]. 军事体育进修学院学报, 2011 (10): 9-11.

[35] 陈治, 杨二权. 传承与发展: 马克思唯物史观下习近平体育思想管窥 [J]. 南京体育学院学报, 2019, 13 (1): 1-6.

[36] 白宛松. 习近平出席全国教育大会并发表重要讲话 [新华社]. [2018-09-10]. http: //www. gov. cn/xinwen/2018-09/10/content_5320835. htm

[37] 梁立启, 邓星华. 国外学校体育思想的传入及其对我国当代学校体育发展的启示 [J]. 体育学刊, 2013, 20 (5): 12-17.

[38] 丁英俊, 江涛, 毛振明. 中国学校体育 (与健康) 课程内容层级衔接 [J]. 天津体育学院学报, 2005, 20 (4);67-69.

[39] 史善仓, 张兆才, 倪腊贵等. 中小学 "体育与健康" 课程内容相互衔接问题研究 [J]. 铜陵学院学报, 2009, (4);115-117.

[40] 赵玉梅, 曹守和. 我国学校体育教学改革三十年历史回顾 [J]. 体育文化导刊, 2008, (8): 127-128.

[41] 胡庆山. 体育课程实施的研究范畴及研究范式的弊端规避 [J]. 天津体育学院学报, 2008, 23 (5): 405-408.

[42] 徐焰, 郭鼎文, 汤韶敏等. 高校体育课程评价体系的构建 [J]. 体育学刊, 2010, 17 (12): 66-68.

[43] 董翠香. 我国中小学体育校本课程开发理论与实践研究 [D]. 北京体育大学博士学位论文, 2004.

[44] 吴志超, 刘绍曾, 曲宗湖. 现代教学论与体育教学 [M]. 北京: 人民体育出版社, 1993.

[45] 王占春. 从现行体育教学大纲看我国学校体育课程建设 [J]. 体育文化学刊, 2001, 8 (6): 3-4.

[46] 张学忠, 郝招, 石高慧. 试论学校体育课程的本质 [J]. 西北师范大学学报 (自然科学版). 2002, 38 (3): 84-88.

[47] 于游, 张澍军. 中国梦融入大学生思想政治教育研究综述 [J]. 思想教育研究, 2016 (03): 66-69.

[48] 房娟. 高师院校师范生人生理想目标教育策略研究 [J]. 内蒙古师范大学学报, 2018 (10): 2-7.

[49] 刘建军. 习近平理想信念论述的历史梳理与理论阐释 [J]. 河海大学学报 (哲学社会科学版), 2015 (03): 43-47.

[50] 胡琳. "中国梦" 语境下大学生理想信念教育的切入和展开 [J]. 社会科学家, 2016 (3): 22-26.

[51] 习近平. 在北京主持召开学校思想政治理论课教师座谈会上的讲话 [N]. 人民日报, 2019-03-19 (01).

[52] 刘新华, 张建, 蔡睿. 对上海、东京两地儿童、青少年身体素质影响因素的比较分析 [J]. 中国体育科技. 2009, 45 (6): 109-117.

[53] 陈明达, 于道中. 实用体质学 [M]. 北京: 北京医科大学、中国协和医科大学联合出版社. 1993.

[54] 舒川根. 提高人口素质与促进经济发展—基于浙江湖州与苏南地区的考察 [J]. 江苏工业学院学报 (社会科学版). 2010 (2): 77-84.

[55] 瞿云桃, 郝小刚, 陈美琴等. 20年来我校大学生身体素质发展趋势及改善对策研究 [J]. 体育科技文献通报, 2010 (07).

[56] 石书臣. 当代中国的文化格局及其发展导向 [J]. 道德与文明, 2012 (2): 105-

110.

[57] 于永生, 王腾. 从耗散结构理论分析人体运动器官"用进废退"的理论基础 [J]. 吉林体育学院学报, 2006, 22 (4): 62-63

[58] 尤来菊, 吴谋林, 虞荣娟. 我校不同年代大学生身体形态、机能、素质对比分析 [J]. 苏州科技学院学报 (自然科学版), 2010 (03): 45-50.

[59] 罗旭, 周凤桐, 韩凤芝等. 普通高校大学生身体素质现状及影响因素——以天津大学为例 [J]. 北京体育大学学报, 2010 (04): 77-86.

[60] 马志和. 我国单项运动协会制度变迁的目标模式与政策措施 [J]. 上海体育学院学报, 2008, 32 (5): 24.

[61] 李瑞才, 薄连彬. 天津市现行体育中考制度对学生体质影响的研究与对策 [J]. 中国学校体育, 2006, (6): 17-18

[62] 王景亮. 大学生体育态度和体育行为的现状调查及对策研究 [J]. 西安联合大学学报, 2001 (02).

[63] 张雪, 姚灵玲, 顾蕾, 洪明慧. 高校大学生体质现状及其影响因素分析——以浙江农林大学为例 [J]. 中国市场, 2016 (24): 284-285.

[64] 洪肖肖. 互联网时代大学生体育生活方式的现状调查研究 [D]. 济南: 山东大学, 2014.

[65] 曹阳. 大学生体育兴趣、体育认知与其体育行为的相关分析 [J]. 南京体育学院学报 (社会科学版), 2005 (02): 64-71.

[66] 王则珊. 探讨解决学生部分身体素质持续下降的建议与方案 [J]. 西安体育学院学报, 2004 (03).

[67] 叶明达, 纪力, 费宏涛. 对大学生体育锻炼习惯的调查研究 [J]. 河北体育学院学报, 2001 (04): 86-93.

[68] 康娜娜. 新中国成立以后我国学校体育思想的嬗变及其发展研究 [D]. 中国矿业大学, 2014.

[69] 周运生, 杨建军, 张毓洪等. 宁夏少年体质指数与身体形态、机能和素质指标关系的研究 [J]. 宁夏医学杂志. 2009, 31 (1): 59-61.

[70] 范美丽, 蔡里蒙. 组织场域视角下单项运动协会变迁的动力与路径分析 [J]. 首都体育学院学报, 2017 (29): 363-366.

[71] 刘东锋, 张林. 全国性单项运动协会市场开发现状调查与筹资机制研究 [J]. 体育科学, 2008, 28 (2): 29.

[72] 王厚雷, 王胜龙. 出生地域差异对中国大学生体质的影响 [J]. 山西师大体育学院学报, 2008 (03): 140-144.

[73] 李百惠, 吴双胜, 李珊珊等. 北京市190名学生身体活动模式与肥胖的相关性分析 [J]. 中国学校卫生, 2011, 32 (4): 430-431.

[74] 王玥, 翁钱威. 人口素质及评价指标体系 [J]. 辽宁工程技术大学学报 (社会科学版). 2011 (2): 69-75.

[75] 刘彦霞, 王跃, 张岚岚. 提高少数民族人口素质的实践路径分析 [J]. 吉林省社会主义学院学报, 2008 (4): 122-129.

[76] 张必科, 张倩, 曾果等四川省藏、羌、汉族小学三年级-高中学生身体活动状况 [J]. 现代预防医学, 2007, (11): 2028-2030.

[77] 乔玉成, 王卫军. 全球人口体力活动不足的概况及特征 [J], 体育科学, 2015 (8): 8.

[78] 周蓉晖, 邓树勋, 王培勇. 我国南北地区高校体育课生理负荷强度的比较 [J]. 北京体育大学学报, 2002, 25 (4): 482-483.

[79] 张莉清, 黄建. 健美体育课和普通体育课对改变普通大学生身体素质及体成份的比较研究 [J]. 首都体育学院学报 2005, 11 (6): 33-39.